普 天 之 下 ・ 盡 是 好 書

普天 出版家族
Popular Press Family

凌雲 文創
A-Plus Creative Company

泰然自若
是身處困境必備的ＥＱ

用平常心面對困境

Face Difficulty With Calmness

普勞圖斯曾說：「泰然自若是應付困境的最好辦法。」
其實，人在身處困境時，適應環境的能力最為驚人，因為身處困境的人可以忍受不幸，也可以戰勝不幸，
因為，身處困境的人深知只要冷靜從容的面對困境，就一定可以度過難關。

連城紀彥 編著

【出版序】

用冷靜的心情面對事情

●連城紀彥

日子不如己意的時候，你應該做的是保持平常心，用冷靜的心情面對事情，而不是生氣、沮喪、懊惱，任由那些負面情緒主宰自己。

詩人紀德曾經寫道：「當哥倫布發現美洲的時候，他知道他航向何處嗎？他的目標只是前進，一直向前進。」

人在徬徨迷惑的境遇中，最容易懷疑自己存在的價值，正因爲腦海中滿是懷疑，才會導致諸事不順利。如果你在事業、工作或生活上遇到瓶頸，那麼就必須保持平常心，冷靜想出解決的辦法。

每個人都有過失敗的經驗，受到打擊的程度和次數也不同。

在抗壓力越來越低的年代，有人用「草莓族」、「豆腐族」形容遭遇失敗就一蹶不振的人，就像一碰就爛的草莓和豆腐。

面對失敗的抗壓性大小無關乎性別或年紀，甚至是能力，端看一個人願不願意在失敗後，站起來重新出發。

失敗並不可恥，可恥的是能站起來卻不肯站起來，走不出失敗陰影的人。

保羅．高爾文是個身強力壯的愛爾蘭農家子弟，充滿進取的精神。十三歲那年，看見其他孩子在火車站的月台上賣爆米花，他被吸引了，也跟著去賣。但是他不知道，早已佔住地盤的孩子們並不歡迎他人來競爭。爲了幫他懂得這個道理，他們搶走了他的爆米花，全部倒在街上，並且打了他一頓。那是他第一次做生意的經驗。

第一次世界大戰後，高爾文從部隊回家，在威斯康辛開了一家電池公司，但無論他怎麼盡力推銷，產品依然打不出銷路。

有一天，高爾文離開廠房出去午餐，回來時大門已被上鎖，公司被查封了，他甚至無法進去取出他掛在衣架上的大衣。

一九二六年，他又跟人合夥做起收音機生意。當時，全美國估計有三千台收音機，預計兩年後將擴大一百倍。這些收音機都是用電池發動，他們想發明一種燈絲電源整流器代替電池。這個想法本來不錯，但產品還是乏人問津，生意一天天走下坡，只能停業關門。

不久之後，高爾文再度出發，透過郵購銷售辦法招攬了大批客戶。他手裡一有了錢，就創了一間公司，專門製造整流器和交流電眞空管的收音機。可是不到三年，高爾文還是破產了。

那時的他幾乎陷入絕境，可是他絲毫不願意放棄掙扎，想出一個辦法，就是將收音機裝到汽車上，但是有許多技術上的困難需要克服。

到了一九三〇年底，他已經負債三百七十四萬美元。甚至連買食物、交房租的錢都沒有，全身上下只剩二十四塊錢，而且全是借來的。

然而，高爾文並沒有停止奮鬥，經過多年不懈的努力，終於成功了，不但成了腰纏萬貫的富翁，還蓋起豪華住宅，這些都是來自汽車收音機的獲利。

義大利作家福斯科洛曾經寫道：「當你面對成敗的關鍵時刻，不知如何抉擇時，那麼就將自己患得患失的心境歸零。」

確實如此，日子不如己意的時候，你應該做的是保持平常心，用冷靜的心情面對事情，而不是生氣、沮喪、懊惱，任由那些負面情緒主宰自己。不要讓一時的不如意變成自己的心靈魔咒；越不如意，就越要鼓舞自己，才能幫自己從生活的泥沼中走出來。

人生中，遭遇失敗是常有的事。在「失敗」的打擊下，很容易讓人忘記其實還有「下一次」的機會。

就算碰到無數次的失敗，只要不放棄，都能從頭來過。

就像高爾文坎坷的創業過程開設公司，即使倒了一次又一次，他也選擇重新再出發，才有後來的成就。

擁有好實力是一個人的優勢，可是擁有迎向「下一次」的勇氣，才是決定輸贏的至要關鍵。

從失敗中吸取經驗避免重蹈覆轍，在失敗後要將眼光放在「下一次」，讓自己有再加油的勇氣。必須從失敗中學習，才能獲得最後勝利。

就像英國詩人哥德史密斯說過的：「我最大的光榮不是從未失敗，而是每倒下來就再站起來。」

人生最難熬的事情，並不在於陷入困境，而是如何在困境中調整自己的心境。保持平常心，是面對困境的最高智慧，可以讓自己頭腦清醒，不至於進退失據、患得患失；同時也可以激發自己的腦力，從容面對不利自己的情勢，突破原本僵滯的困局。

【PART 1】

面對困境更要積極冷靜

生命中的「困難」就是一種「可能」，成功者會冷靜地尋找這種可能。就算達不到目標，也能讓自己在挑戰中成長。

[PART 2]

不甘於平凡，就有可能不平凡

人生在世總有道不完的苦處，只有不怕吃苦的人才有苦盡甘來的時候。態度決定你的人生高度，只要下定決心改變，機會就會出現。

[PART 3]

能夠忍耐，便沒有阻礙

一個人的忍耐功力，往往是成敗的關鍵。別低估自己所能承受的忍耐力，這是一個人生命中最有價值的資本。

[PART 4]

把自己的缺點變特點

每個人都有屬於自己的「特色」，不管世俗眼光是否認同，那就是「你」，獨一無二的自己，沒有第二個人可以取代。

PART 5 自由的心靈可以排解一切困境

就算生活在這個身不由己的社會，也別放棄心靈自由的權利，讓自己完全屬於自己，別讓心靈也關進社會的大牢籠裡。

【PART 6】

只要不放棄，所有的苦難都會過去

如果低頭認輸，只會讓自己永遠成為生命中的逃兵。別再害怕，別再猶豫，如果「一切都會過去」，還有什麼大不了的事情嗎？

[PART 7] 懂得付出，才能活出生命的價值

在每個角落有許多需要關懷的人正默默等待著愛，將無數的小愛化為大愛，這就是生存的意義。

【PART 8】快樂烹調你的幸福人生

培養興趣是一項重要的生活條件，在興趣中建立目標，不但能使自己活得快樂，也能讓人感受到蓬勃的生命力。

[PART 9]

化恨意為成功的動力

心中懷有怨念不一定是不好的事，不必急著將它磨滅。只要那股恨意不會傷害自己和他人，就讓恨意化為動力。

[PART 10]

遇上困境，不妨換個角度省思

跳出問題的框框，以客觀的角度去琢磨不同的情境，我們就能重新面對過往以為的絕境，並找到新的出路。

1. PART

面對困境更要積極冷靜

生命中的「困難」就是一種「可能」，
成功者會冷靜地尋找這種可能。
就算達不到目標，
也能讓自己在挑戰中成長。

一時得失，不必太過偏執

成果有時候不能立即看到，必須經過漫長時間的付出和等待。可是，等到時機成熟，成果將會以驚人的面貌出現。

社會上許多事業有成的人，還未做出一番傲人成績之前，常常讓人誤解成是異想天開的笨蛋。他們的行徑往往和常人不同，做事的方法也很獨特，當他們正爲自己的成功努力著時，常會被世人誤解。

因爲，沒有人能夠看到他們付出的背後，擁有的獨創性和眼光。

日本東京島村產業公司及丸芳物產公司董事長島村芳雄，創造了著名的「原價銷售法」，還利用這種方法，由一貧如洗的店員變成產業大亨。

島村芳雄初到東京時，在一家包裝材料行當店員，薪水十分微薄，下班後唯一的樂趣就是在街頭閒逛，欣賞行人的服裝和他們提的東西。

有一天，島村又像往常一樣在街上漫無目的溜達時，突然注意到，許多行人手中都提著紙袋，這些紙袋是買東西時，商店給顧客裝東西用的。一個念頭在島村腦中浮現，認定這種紙袋會風行一時，做紙袋生意一定會大賺一筆。

考慮到自己沒經驗、沒資金，島村想出一種新的銷售方法，即「原價銷售法」，以一定的價格買進，然後以同樣的價格賣出，不賺一分錢。

島村先往麻繩原場地，以五角的價格大量買進四十五釐米規格的麻繩，然後按原價賣給東京一帶的紙袋工廠。

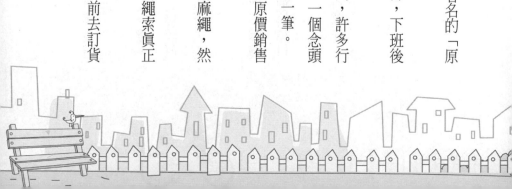

這種完全無利潤的生意做了一年後，附近的工廠都知道「島村的繩索眞正便宜」，訂貨單也像雪片一樣，從各地源源而來。

見時機成熟，島村便開始實施第二步行動。他先拿著購貨收據，前去訂貨客戶那裡訴苦：「你們看，到現在爲止，我沒有賺你們一毛錢。如果再讓我這樣繼續爲你們服務的話，只有破產一條路可以走了。」

客戶被島村的誠實和信譽感動，心甘情願把交貨價格提高爲五角五分錢。

接下來，島村又與麻繩廠商洽談：「您賣給我一條五角錢，我都直接照原價賣給別人，才有現在這麼多的訂貨。如果這種賠本生意讓我繼續做下去的話，只有關門倒閉了。」

麻繩廠商一看島村開給客戶的收據存根，大吃了一驚，願意這樣做不賺錢生意的人，他們還是生平第一次遇到。於是，廠商沒有多加考慮，就把給島村的價格降低爲一條四角五分。

以當時一天一千萬條的交貨量計算，島村一天的利潤就可達到一百萬元。創業兩年後，島村就成爲名滿天下的人了。

十八世紀，法國法律學者那特克衛曾經這麼說：「真正的成功者，外表看

似憨直，其實精明幹練。」

推銷員必須懂得心理學，就像船員一定要具備航海技術一般，島村芳雄主打的，就是人性心理。

他建立紙袋及麻繩工廠對長期客戶的信賴，也同時奠基他的人脈和商譽，藉著替麻繩工廠增加訂單的服務，對紙袋工廠「不計得失」的買賣的行爲，讓雙方自動調價，獲取其中利潤。

成果有時候不能立即看到，必須經過漫長時間的付出和等待。可是，等到時機成熟，成果將會以驚人的面貌出現。

眞正成就大事業者，是不會計較一時得失的。

不知道有多難，做起來便不難

有時候我們也該學學這種「不知道」的精神，事情不必知道太多，憑著一股「傻子」的衝勁去做就是。

剛從駕訓班出來的人都知道，眞正的道路駕駛和在駕訓班開車相差十萬八千里，幾乎每個新手駕駛都會被這樣告誡。因此，當新手上路前，心裡面已經存在一種負擔和恐懼：「啊！在路上開車好恐怖！」

和做其他事情一樣，車要開得好，是經驗和練習累積而來的。可是，同樣是新手上路，一個已經感到害怕的駕駛者，和一個帶著平常心上路的人相較，後者的表現一定優於前者。因爲，他將道路駕駛當成在駕訓班練習，雖然小

心，但是不會太緊張。

有時候，不必知道問題「有多難」，不知者才能無畏！

一七九六年的一個微涼的夜晚，德國哥廷根大學有個十九歲的年輕人在晚餐過後，開始做例行的數學題練習。在一般情況下，他都會在兩個小時內完成這項作業，這天卻和往常不同。

前兩道題目在兩個小時內順利地完成，第三題讓他花費一番功夫。這道題目要求只用圓規和一把沒有刻度的直尺在一張小紙條上做出正十七邊形。年輕人並沒有多想，就像做前兩道題一樣，埋頭練習。做著做著，他開始感到吃力，思考的時間也愈來愈多。

困難激起他的鬥志，心想著，無論如何一定要把它做出來！他拿起圓規和直尺，在紙上畫線，嘗試用一些超越常規的思路去解這道題目。

不知不覺中，時間慢慢過去了，當窗口露出一絲曙光時，年輕人大大呼了一口氣，終於解開了這道難題。

他將作業交給教授，教授一看當場愣住了，用顫抖的聲音對年輕人說：「這個眞的是你自己做出來的嗎？知不知道，你解開一道有兩千多年歷史的數學懸案？阿基米德沒有解出來，牛頓也沒有解出來，你竟然一個晚上就解出來了！哈，你眞的一是個天才！」

原來，教授出題目時，不小心把印著這道題目的小紙條夾在給年輕人的題目裡，這是他最近苦心鑽研的難題。

多年以後，這個年輕人回憶起這一幕時，總是說：「如果有人告訴我，這是一道有兩千多年歷史的數學難題，我絕對不可能一個晚上就解決它。」

這個年輕人就是後來被稱爲「數學王子」的高斯。

恐懼，會不斷影響你的思考和作爲，會在一件事開始前，就先打擊你的信心，嘲諷你的能力，勸你放棄。

所謂「初生之犢不畏虎」，正是因為小牛不知道老虎為何物，因此不會害怕。很多比賽和表演也是同樣的道理，正式上場和練習表現出來的成果，時常會有一些落差。如果根本不知道這是「正式演出」，用平常心面對，反而比較能發揮真正的實力。

有時候我們也該學學這種「不知道」的精神，事情不必知道太多，憑著一股「傻子」的衝勁去做就是。

何必自己嚇唬自己？何必讓自己老是緊張兮兮？只有保持冷靜才能走出困境，只有在平常心之下，才能有最好表現。

不要怕打擊，成功就在下一次

被拒絕時，通常第一個感受必定是難堪，不敢再次敲對方的門，但是，若因此退縮不前，也等於喪失一次可能成功的機會。

業務員往往讓人感到又是敬佩、又是頭痛，他們必須面對一次又一次被拒絕的場面，甚至遭到白眼、辱罵、摔門等待遇。

被人拒絕的悲哀，恐怕只有他們能深深體會。是什麼樣的力量支持他們繼續從事這項工作，面對遭人拒絕時的尷尬與信心的打擊呢？

答案就是心理素質。被人拒絕，其實沒有那麼糟，不要讓一時的不如意變成自己的心靈魔咒。越不如意，就越要鼓舞自己。

從收到瑞德公司面試通知那天起，克里弗德的心裡既焦急又期待。面試那天，他用心梳洗打理一番，繫上一條新領帶，希望能帶給自己好運。

上午十點鐘，他走進瑞德公司人力資源部。等秘書小姐向經理通報後，深深吸一口氣，提著手提包走到經理辦公室門前，輕輕地敲了兩下門。

「是克里弗德先生嗎？」屋裡傳出詢問聲。

「經理先生，你好！我是克里弗德。」克里弗德慢慢地推開門。

「抱歉，克里弗德先生，你能再敲一次門嗎？」端坐在轉椅上的經理悠閒地注視著克里弗德，表情有些冷淡。

經理先生的話雖令克里弗德有些疑惑，但他並未多想，關上門，重新敲了兩下，然後推門走進去。

「不，克里弗德先生，這次做得沒有第一次好，你能再來一次嗎？」經理示意他出去重來。

克里弗德重新敲門，又一次踏進房間。

「先生，這樣可以嗎？」

「這樣說話不好！」經理回答他。

克里弗德又再一次走進去：「我是克里弗德，很高興見到您。」

「這回差不多了，如果你能再來一次會更好，你能再試一次嗎？」

當克里弗德第第十次退出來時，內心的憧憬已消失殆盡，而且開始感到惱火。他心想，進門打招呼要那麼講究嗎？這只是場面試，這樣做分明是在刁難戲弄人。克里弗德愈想愈氣，轉身就想離開，可是剛走幾步又停了下來。

「不行，我不能這樣逃開，即使瑞德公司不打算錄用我，也得聽到他們當面對我說。」克里佛德這樣告訴自己。

於是，克里弗德重新調整心情，平靜地敲響了第十一次門。這次，他得到的不是難堪的拒絕，而是熱烈歡迎的掌聲。克里弗德愣在原地，原以為會再一次被拒絕，沒有想到第十一次敲開的，竟是一扇成功之門。

原來，瑞德公司此次打算招聘一名市場調查員。一名優秀的市場調查員，不僅要具備學識素質，更要具備耐心和毅力等心理素質。這十一次的敲門和問候，就是關於一個人心理素質的考題。

假如有一天，你被別人拒絕了，覺得自己能被拒絕幾次呢？

當人們被拒絕時，通常第一個感受必定是難堪，接著感到自憐，然後就心生恐懼，不敢再次敲對方的門，因爲對當下的自己來說，被拒絕的不是提議，而是自尊和信心。但是，若因此退縮不前，也等於喪失一次可能成功的機會。知道這一點後，更要提振精神，克服心裡的不耐，再試一次。

這是一種控制情緒的學習，別因對方的冷言冷語輕易受傷。只要告訴自己，再敲一次門，等待在門後的將是熱烈的掌聲。

正如威廉·喬理斯所說：「被拒絕了，不需要感到悲哀，用不著把拒絕當做是個人侮辱。當對方把你關在門外時，更要因此下定決心——我一定會把握下次的機會，把這筆生意做成。」

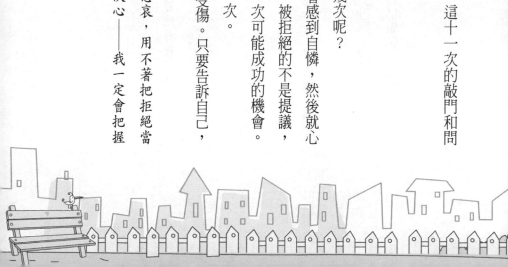

面對困境更要積極冷靜

生命中的「困難」就是一種「可能」，成功者會冷靜地尋找這種可能。就算達不到目標，也能讓自己在挑戰中成長。

承諾，是一種人格上的保證，是一個愼重的決定，現在卻常常被人們濫用，尤其是口頭上承諾，往往變成敷衍的代替品。

會做「承諾」的時刻，大都是碰到困難、不好解決的時候，這時候的「承諾」特別重要。當我們碰到困難，感到沮喪時，不妨對自己做個「承諾」。

亞蘭是美國聯合保險公司的一位業務員。

有一天非常的寒冷，路上的雪積得很高，在上面行走很吃力。當時亞蘭在威斯康辛州一個城市的社區中推銷保險，可是連一筆生意都沒有做成。

就在回家的路上，亞蘭不小心跌了一跤，摔斷了右手，也扭傷了腳。亞蘭雖然對自己的表現很不滿意，又不幸受傷，但他並沒有因此而氣餒，反而選擇積極面對挫折，將不滿轉爲鼓勵自己的動力。

休養一個禮拜後，他再次挑戰自己。出發前，他向同事們描述上個禮拜遭遇的失敗，然後接著說：「等著瞧吧！今天我將再次拜訪那些顧客，我將賣出比你們全部賣出的總和還要多的保險單回來。」所有同事都不相信他做得到。

結果亞蘭跌破眾人的眼鏡，竟然做到了。他回到那個社區，拜訪了前一個禮拜和他談過話的每一個人，當場賣出六十六張新的事故保險。

當時亞蘭在風雪中跋涉了八個小時，還跌了一跤，卻沒有賣出一張保險單，可是亞蘭把第一天在失敗的情況下感受到的一切不滿，轉化成激勵自己的力量，最後終於獲得成功，不久之後就被提升爲業務經理。

生命中的「困難」就是一種「可能」，成功者會冷靜地尋找這種可能。然而一般人都希望能用最簡單、最方便的方法做好一件事，但是不需努力就得到的東西，通常不會太好。

亞蘭所抱持的心態就是：「面對困境更要積極冷靜，即使付出再大的努力，也要將它完成。」

因為這個對自己的「承諾」，讓他做到人們認為不可能的事。就因為處於逆境，才要和自己做「承諾」，就算達不到目標，也能讓自己在挑戰中成長。

給自己一個承諾，看似簡單，其實是最難的。但是這樣的自我承諾，會讓決心更加堅強，成為前進的動力。

相信自己，沒有辦不到的事

人類的潛力比自己想像中的還要大。克服內心的怯懦，把「我不能」徹底埋葬，只要能做到這點，相信就沒有辦不到的事。

人一生中最大的敵人就是「自己」。

碰到困難、面對挫折時，能不能闖關成功，關鍵就在於「是否能跨越自我的恐懼」，沒有所謂的「能不能」，只有「願不願意」的選擇。

當一個目標立在眼前時，要不要前進，是否繼續，就看自己和潛意識之間的溝通。如果心裡只想著「我不能」，就已經和命運妥協，向失敗投降。

唐娜是密西根州一個小鎮裡的小學老師。某天上課時，她讓學生在紙上寫出自己無法做到的事。

一群十歲的孩子，在紙上寫著：「我無法把球踢過第二道底線」、「我不會做三位數以上的除法」、「我不知道如何讓比利喜歡我」……等等。

唐娜老師也在紙上寫下她無法做到的事情：「我不知道如何才能勸約翰的母親來參加家長會」、「該如何不用體罰，就能勸導艾倫聽話」……等等。

過了約莫十分鐘，學生們已經寫滿一整張紙，有的甚至開始寫第二頁了。「孩子們，寫完一張紙就行，不要再寫了。」唐娜老師宣佈這項活動結束。

學生們按照她的指示，把他們寫滿「認為自己做不到事情」的紙對折好，投進一個空的盒子裡。

唐娜老師也把自己的紙條投進去。接著，她帶著學生走到運動場最偏遠的角落，捲起衣袖用鐵鍬挖起坑來，挖了幾下後，讓學生們也輪流用鐵鍬挖洞，不久，一個三呎深的洞就挖好了。

他們把盒子放進去，再用泥土把盒子完完全全覆蓋上。每個人所有「不能做」的事情，就這樣被埋在這個三英呎深的泥土下面了！

唐娜老師神情嚴肅地說：「孩子們，現在請你們手拉著手，低下頭，我們準備默哀。」學生們很快拉起手，圍繞著「墓地」，低下頭靜靜等待。

「朋友們，今天我很榮幸邀請你們前來參加『我不能』先生的葬禮。」接著，唐娜老師莊重地唸著悼詞：「『我不能』先生您在世的時候，曾經與我們朝夕相處，影響、改變我們每一個人的生活，有時甚至比任何人對我們的影響都要深刻得多。您的名字幾乎每天都要出現在各種場合，這對於我們來說是非常不幸的。現在，我們將您安葬在這兒，希望您能夠安息。同時，我們更希望您的兄弟姐妹『我可以』、『我願意』，還有『我立刻就去做』能夠繼承您的事業。雖然他們的名氣不如您大，沒有您的影響力深，但是他們會對我們每一個人、對全世界產生更加積極的影響。」

最後，唐娜老師對學生們說：「願『我不能』先生安息吧！也祝福我們每

一個人都能夠振奮精神，勇往直前！阿門！」

經過這場告別式後，日後只要有學生說出「我不能」這句話時，必定會想到「我不能」先生已經死了，積極想出解決問題方法。

柏拉圖曾經說過：「克服自己，是人類勝利中，最偉大的勝利。」

用什麼樣的心理面對考驗，是成敗的決勝點，一個積極的人，絕對會比悲觀者擁有更多的勝算。人類的潛力比自己想像中的還要大，如果給它正面的情緒，就會有正面的反應。

克服內心的怯懦，把「我不能」徹底埋葬。只要能做到這點，相信就沒有辦不到的事。只有克服「我不能」，才能夠向「我可以」邁進，最後也才有機會碰到「我勝利」！

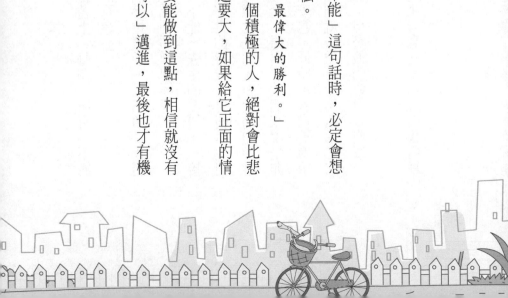

學習他人優點，跨越自身界限

讓他人身上的優點成為自己的，最大的關鍵就是「偷學」。「偷」來的優點，可以使自己進步，讓自己身上也有他人的優點。

每一個人，無論是否讓人討厭、聰明或愚蠢，都有值得他人學習的地方。

我們很容易淪落到某種由羨慕、嫉妒到討厭一個人的情緒裡。羨慕她長得美、嫉妒他家財萬貫，所有比自己好的人，都是令人眼紅的對象。

既然如此，何不將他們令自己羨慕的東西「偷」過來呢？

特福的父母在一次意外中不幸辭世，只留給他和哥哥卡爾一間小小的雜貨店。由於資金微薄，設施又簡陋，店裡的生意並不好，只能靠著出售一些罐頭和汽水之類的食品勉強度日。

兄弟倆不願意一直過著這種窮苦的生活，拼命尋找發財的機會。

有一天，卡爾問弟弟：「爲什麼同樣的商店，有的賺錢，有的只能像我們這樣慘澹經營呢？」

特福回答說：「我覺得我們經營的方式可能有問題。我相信，只要經營得好，小本生意也是可以賺錢的。」

「可是，如何才能經營得好呢？」卡爾疑惑地問著。在兩兄弟一番討論之下，他們決定多多觀摩，到其他店家看一看。

某一天，他們來到一家「消費商店」，這家商店顧客絡繹不絕，這樣的情況引起兄弟倆的注意。他們在店裡逛了幾圈，沒有發現特別之處，又走出商店，看到門外有一張醒目的告示上寫著：「凡來本店購物的顧客，請保存發票，年底可以憑發票總額的百分之三免費購物。」

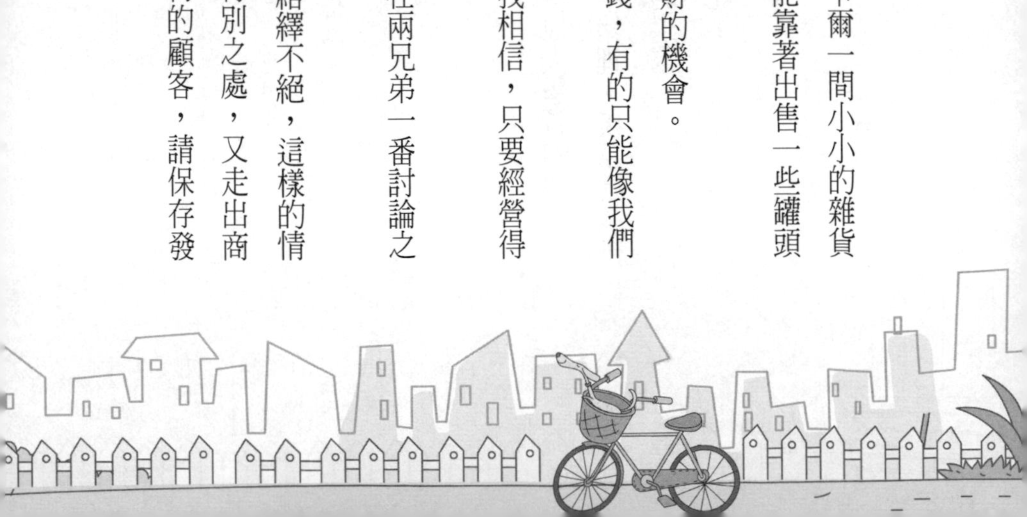

他們把這份告示看了又看，終於明白這家商店生意興隆的原因了。原來顧客就是貪圖那「百分之三」的免費商品。

他們回到自己的店裡後，立即貼了一個醒目的告示：「本店從即日起，全部商品降低折扣百分之三，本店保證所售商品爲全市最低價，如顧客發現不是全市最低價，本店可以退回差價，並給予獎勵。」

就是憑藉這種「偷」來的智慧，他們兄弟倆的商店迅速擴大，成爲世界上最大的連鎖商店之一。

「偷」東西的確不好，可是偷學別人的優點是值得鼓勵的，想學，就是一種求進步的表現。就像特福兩兄弟，不但偷學別人的經營之道，還將其融會貫通，發展出更好的方法來。

有一個貧窮的人，見一個富人生活得很舒適又愜意，便對富人說：「我願意在您家裡爲您工作三年，一分錢也不要，只要讓我有飯吃，有地方住。」

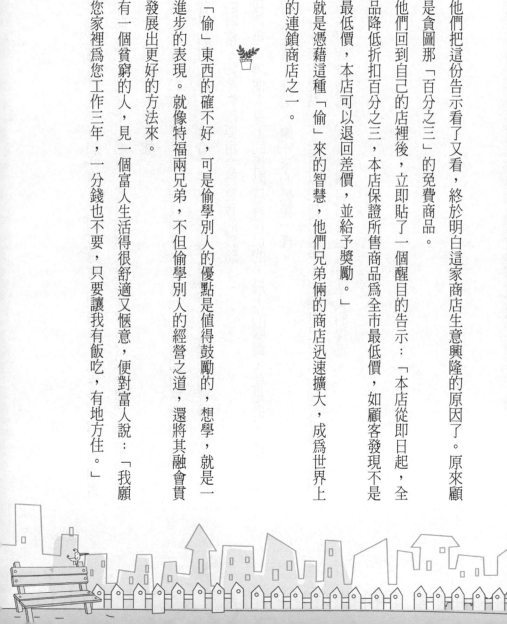

富人覺得這眞是少有的好事，立刻答應窮人的請求。三年後，窮人離開富人，從此不知去向。十年過後，昔日的窮人變得非常富有。以前那個富人與他相比之下，反而顯得很寒酸。

富人向昔日的窮人請求道：「我願意出十萬元，買你如何富有的經驗。」昔日的窮人聽了，哈哈大笑說：「我是用從您那兒學到的經驗，才賺了那麼多的財富，如今你卻要用金錢買我的經驗！」

我們可以讓他人身上的優點成爲自己的，最大的關鍵，就是去「偷學」，就像窮人從富人身上「偷」來的經驗一樣。

「偷」來的優點，不但可以使自己進步，更讓自己有另一種成就感。我們應該多多研究身邊每一個人，讓自己身上也有他人的優點。

保持理智，才不會因為金錢而迷失

追求富裕的人生並沒有錯，但是不能因為名利而忘了最初那顆真心。沒有任何一個有錢人，可偉大到不需要朋友。

生活周遭常常可見一種人，可能稍微有點權勢、財富，就目中無人，總認爲自己享有優勢，做任何事都要求特權。殊不知，許多人看在眼裡、笑在心裡，根本不當一回事。

在這個物質的社會，或許有錢眞的能使鬼推磨，但是金錢絕對無法買到眞感情。一個人要讓人打從心底尊重、敬佩，讓人喜於親近、交往，不是靠存款簿裡的數字就能衡量的。

美國著名《財富》雜誌，曾經在封面上登過一位年僅十九歲的年輕人的照片。這號特殊的人物名叫詹森．斯維斯彭，一家知名網站的擁有者。他在投資者的資助下製作一個名叫「心想事成」的網站，才剛推出就受到熱烈的歡迎。

短短的幾個月內，這個網頁的訪客人數達到九百萬人次之多，詹森．斯維斯彭成爲家戶喻曉的名人，讓人驚嘆道：「難道他會是下一個比爾．蓋茲？」

詹森在網站上收益了上億美元的資金，成爲美國年輕網路新貴的一員。因此陷入成功的狂妄中，認爲自己有非凡的能力，能辦到一切事情。

當時，許多人認爲這絕不是狂言，因爲以他的年齡，成就甚至超過了當年的比爾．蓋茲。有不少預言家也斷定他必定會累積巨大的財富，成爲類似於比爾．蓋茲那樣能影響全球的人物。

不久，美國許多金融家主動提供他貸款，給予巨大的財力支持，他的公司很快就上市，財富的累積像雪球一樣增大，從原來的一億美元擴增到二十六億美元，簡直就是一個財富神話。

他成了美女、媒體追逐的對象，不僅和世界級名模約會，也和大量的媒體接觸，甚至準備拍一部記錄他創業過程的電影。他的生活過得極盡奢華，短短的時間就花去了三．二四億美元。

不久，美國股市風雲突變，詹森公司的股票從原來的一百六十八美元狂跌到二美元，公司宣告破產。

僅僅兩年後，他又變回一個身無分文的普通人。那些曾經和他熱戀的模特兒以及如同蒼蠅一樣追逐他的媒體全部不見了。

詹森四處籌款準備東山再起，這時他才眞正感受到，原來借錢竟然如此困難，沒有任何一家公司或金融機構願意借錢給他。

最後，他從叔叔那裡借到了錢，又註冊了一個網站，只是風光已經不再。

詹森說：「經過這些事，我終於明白了，金錢只認得金錢。它不會認得人。以前我失敗的原因是，我總認爲金錢是認得我的。」

有媒體評價說：「這位二十歲的年輕人，以後可以成爲一位哲學家。」

少年得志雖叫人羡慕，可是也讓人擔心。太輕易獲得成就，沒有受過太多挫折，因而趾高氣昂，不懂得謙虛為懷，很容易步入失敗的陷阱。

在現實的社會中，若以為擁有金錢和權勢就能掌控生活，最好為自己的「友情」買一份保險。因為，眞正的朋友，不是用錢買來的。

追求富裕的人生並沒有錯，但是不能因為名利而忘了最初那顆眞心。

法國有句諺語這樣說：「沒有任何一個有錢人，可偉大到不需要朋友。」

當你有錢時，身邊也許會有很多朋友環繞，但是否曾經想過，有一天當你沒錢時，這些人還會陪伴在你身邊嗎？

不滿足於現狀，就有無盡希望

珍惜現有的機會，努力發揮，能讓成果豐收。但在豐收的同時，也要考慮到下一步該怎麼走，才能讓這項豐收繼續維持且擴大。

《徒然草》的作者吉田兼好有一句名言：「假若擁有兩枝箭，往往會因依賴第二枝而不在乎第一枝。」

相同的，人們也會因爲擁有第一枝箭，放棄尋找第二枝箭的機會。

不管任何人、任何事，都有一定的「延展性」，但是很多人往往只開發了自己和事情的百分之六、七十，就滿足現狀，不再前進。

其實，只有不滿足於現狀，人生才會有無窮的希望。

有位作家寫過這樣一個頗具啓發的故事：

當時人們都去開山，但他不像別人那樣把石塊砸成石子運到路邊，賣給建造房子的人，而是賣給杭州的花鳥商人，因爲這裡的石頭總是奇形怪狀，他認爲賣重量不如賣造型。五年後，他成爲村上第一個蓋起瓦房的人。

後來，不許開山，只許種樹，這裡便成了果園。每到秋天，漫山遍野的鴨梨招來許多商人，他們把堆積如山的梨子成筐成筐地運往北京和上海，再銷往韓國和日本。這裡的梨，汁濃肉脆，大受歡迎。

就在村裡的人爲鴨梨帶來的小康日子歡呼雀躍時，他賣掉果樹，開始種柳。因爲他發現，來這裡，客人不愁挑不到好梨子，只愁買不到裝梨子的竹筐。五年後，他成爲第一個在城裡買房子的人。

後來，一條鐵路貫穿這個村莊，火車北到北京，南抵九龍。小村因此對外開放，果農也進入水果加工的市場。就在一群人集資辦廠的時候，他在他的土地上砌了一面三米高、百米長的牆。

這牆面向鐵路，兩旁是一望無際的梨園。坐火車經過這兒的人，在欣賞梨花時，會突然看到四個大字：可口可樂。據說，這是五百里山川中唯一的廣告。就憑這面牆，他每年有四萬元的額外收入。

二十世紀九〇年代末期，日本豐田公司亞洲區代表山田信一來華考察。當他坐火車路過這個小村時，聽到這個故事，被主人翁罕見的商業頭腦震驚，立即決定下車尋找這個人。

山田信一找到這個人時，發現他正在自己的店門前，與對面店主吵架。因爲他店裡一套西裝標價八百元時，對面卻標七百五十元；他標價七百五十元，對門就標價七百元。一月下來，他只賣出八套西裝，對門卻批出八百套。

山田信一看到這種情形，非常失望，以爲被講故事的人欺騙了。可是，當山田信一弄清眞相之後，立即決定以百萬年薪聘請他。

因爲對面的那個店也是他的。

是的，那個人利用「比較」銷售手法，藉著人們認爲撿到便宜，不買可惜的心態銷售西裝，不管哪家賣出，獲利的都是同一個人。

就像某家連鎖藥妝店實行「買貴退兩倍差價」的策略，剛開始雖然虧損五十萬，但銷售額成長了百分之三十，也提高顧客來店率。幾年下來，業績由虧轉盈，打下穩定的基礎。

能在經營期間，就看出未來發展性而採取積極行動的人，往往善於應用大腦，適時做改變。見好就換，並不是愚蠢做法，而是比別人早看到下一步，並實行它。這類型的人，成功往往伴隨在他左右。

如果人只懂得抓緊現有的東西不放，日子久了之後，很容易被環境淘汰。珍惜現有的機會，努力發揮，能讓成果豐收。但在豐收的同時，也要考慮到下一步該怎麼走，才能讓這項豐收繼續維持且擴大。

2. PART

不甘於平凡，就有可能不平凡

人生在世總有道不完的苦處，
只有不怕吃苦的人才有苦盡甘來的時候。
態度決定你的人生高度，
只要下定決心改變，機會就會出現。

快樂的心境會感染別人

快樂的心境會感染別人，帶給自己和他人快樂的事物，並不一定很昂貴，並不一定很難得，重要的是樂於分享的心情。

英國老政治家迪斯雷里曾經說過一句名言：「人類難以控制環境，然而，卻能掌控自己的心境。」

我們身處什麼樣的環境，也許不是由我們決定和掌握，但是，只要我們願意讓自己快樂，絕對可以藉由快樂的心境感染別人。

有時候，我們會因爲自己的匱乏而不開心，會因爲自己的失去而難過。可是，我們也會因爲一點小小的獲得而感到開懷，而且當心裡的快樂積聚到一定

的程度，會迫不及待地想與他人分享。

有個女孩結婚以後，就隨著丈夫一起搬到離家約八百英里地方。那麼遠的距離，回娘家的機會自然不多，和父母親相見變得極爲難得。

有一年的母親節，她打電話回家問候。能夠聽到母親的聲音，自然很令她開心，但是聽見母親絮絮叨叨地說院子裡的丁香開得多好時，她的眼淚忍不住落了下來。

一想起自己已經很久沒有聞過滿園丁香的芬芳香氣，想家的情緒頓時在心頭蔓延；悵然若失掛上電話，她的心裡仍然不能平復，想著想著就坐在廚房裡低聲地哭著。

她的丈夫聽見哭聲，不禁詢問她傷心難過的原因。聽完以後，丈夫突地站起，拿起車鑰匙，要她更衣換鞋，順便幫孩子準備準備，全家隨即出發，沿著羅德島北岸行駛。

這天天氣極好，道路兩旁綠林扶疏，開著開著，他們來到一處小丘。丈夫帶頭走在前面說：「跟我來！」剛爬上半山腰，妻子就嗅聞到一陣花香。大家忍不住跑了起來，一登上丘頂，迎面而來的是一片翠綠，其中點綴著淡紫色的花朵。

妻子興奮地把臉埋在花叢裡，盡情地陶醉在迷人的花香之中。他們摘了一朵又一朵丁香花，每個人都捧了滿懷，全身都沾染了丁香的芬芳。

他們載了滿車的花香回家，就在快到家的時候，路經一家療養院，院前的草坪上，有幾個坐著輪椅的老太太正在曬太陽。

妻子突然要丈夫停下車，然後跑進了那家療養院的草坪，把懷裡的丁香花分送給那幾位老太太。看見本來茫然地呆望前方的老太太們，因爲突然出現在膝頭的花朵而綻露微笑，妻子臉上的笑容變得更加燦爛。

她揮著手回到車裡，孩子們好奇地問：「媽媽，妳認識她們啊？不然，爲什麼要把花送給她們？」

妻子回答：「不，我不認識她們。在母親節這樣的日子裡，她們卻沒有人

陪她們一起度過，表情看起來那麼寂寞。我有你們的愛，也有我媽媽給我的愛，我想讓她們知道，我有好多的愛可以分享給她們。我也很想把花送給我的媽媽，但是她住的地方太遠了。」

隔天，丈夫回家的時候，又帶回了幾株丁香的花種，就種植在院子的四周。現在，每年一到五月，家裡的院子就洋溢著丁香花的香味；而每到了母親節，孩子們就會採集院子裡的丁香花，為路過的每一位母親微笑祝賀。

這個女孩從被父母疼愛的女兒變成被丈夫疼愛的妻子，過程中有所失去，也有所獲得。她離家展開了新的生命旅程，也被迫離開原本緊密連結的成長環境；她樂意接受新的生活，但也感傷自己不得不勇敢割捨的過去。這種情緒，想必是不少女人心中的感受。

再怎麼想念，娘家也不可能天天回去，再怎麼想對父母撒嬌，有些責任還是要兼顧，女人終究得在自己的家庭裡安身立命。

這名女孩其實很幸運，擁有疼愛她的丈夫和自己疼愛的孩子，擁有一個極為幸福的家庭。這趟找尋丁香花的旅程讓她發現自己擁有的幸福，幫助她找回心中的快樂。

最可貴的是，在她感覺自己快樂滿溢的時刻，不忘分享自己的快樂。療養院裡的老太太們，或許兒女沒有空，或許兒女像女孩一樣思念母親，恨不得飛奔前來待在她們身邊，但終究是不能。女孩把手裡的丁香分送出去，讓花香不只沾染他們一家的快樂，同時也把更多快樂發散出去。

快樂的心境會感染別人，帶給自己和他人快樂的事物，並不一定很昂貴，並不一定很難得，也許只是一朵小小的鮮花和幾句問候而已，重要的是樂於分享的心情。

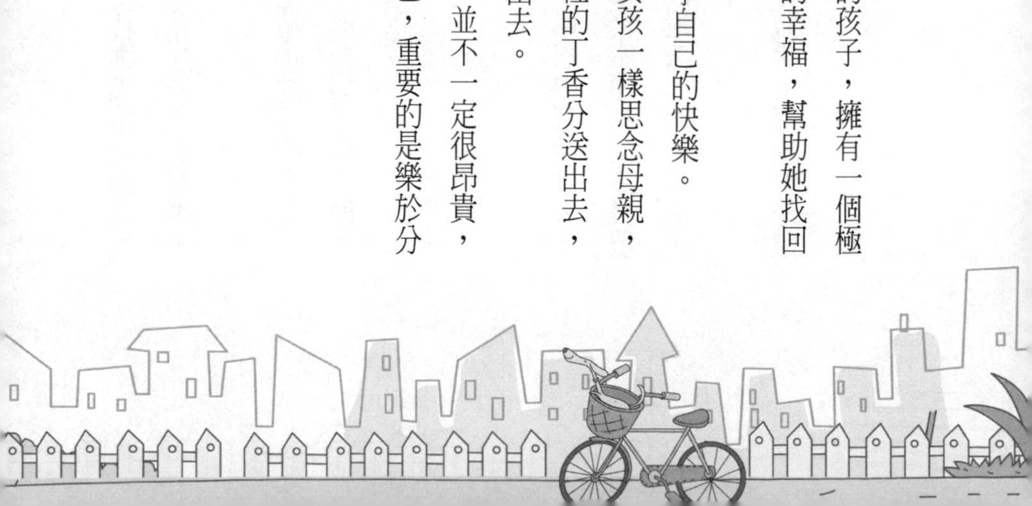

不甘於平凡，就有可能不平凡

人生在世總有道不完的苦處，只有不怕吃苦的人才有苦盡甘來的時候。態度決定你的人生高度，只要下定決心改變，機會就會出現。

成功學大師戴爾·卡耐基曾說：「人在身處困境時，適應環境的能力，通常比在順境時更為驚人。」

只要是人，都具備忍受不幸、戰勝困境的能力，重點就在於感覺痛苦之時，能不能適時改變態度，將驚人潛力發揮出來，幫助自己走出困境。

我們可能很脆弱，但只要我們有決心，就一定能變得堅強；我們可能不富有，但只要有足夠的毅力，必定可以讓自己脫離貧窮。

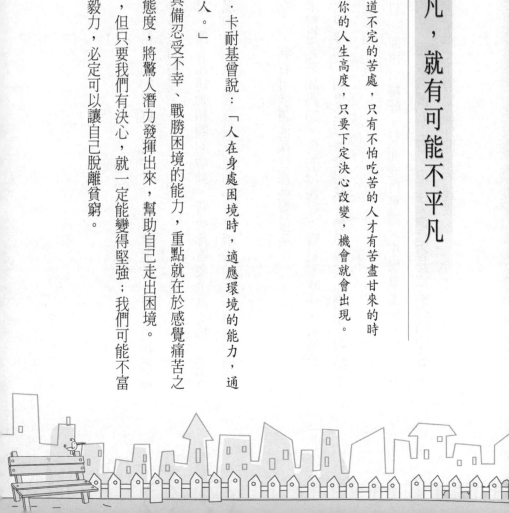

亞藍．米穆出生在非常貧窮的家庭，從小就非常喜歡運動，只要是和運動相關的課程，都有相當優秀的表現。

但是，很可悲的是，所有和運動相關的活動，背後都需要金錢支撐，米穆即使很想在運動界展現抱負，但其實有很多運動都沒有辦法加入，因爲他連球具、球衣、球鞋都沒有。

家裡窮得都沒飯吃了，哪有可能讓他採買那些奢侈品？

踢足球的時候，米穆是光著腳踢的。他的母親好不容易省吃儉用幫他買了一雙帆布鞋，是讓他上學穿的，如果他穿著鞋踢球，勢必會快速磨損，到時不只沒鞋穿，還會被老爸揍得半死。

隨著米穆長大，日子並沒有轉好，反而變得更糟。小學畢業後，爲了生活，米穆到咖啡館當跑堂，賺取微薄的工資，但每天還是會花一點時間運動。他選擇跑步，因爲跑步是唯一不需要額外開銷的運動。

每天上班前，米穆都不停地跑步，後來參加法國田徑賽一萬公尺長跑，獲得了季軍獎盃。第二天，他又參加五千公尺比賽，更得到了第二名，也因此爭取到參加倫敦奧林匹克運動會的參賽資格。

從此，米穆一路跑向世界競賽殿堂，獲得倫敦奧運一萬公尺長跑亞軍、赫爾辛基奧運五千公尺亞軍，以及墨爾本奧運馬拉松競賽冠軍。

這段歷程裡，米穆走得並不順遂，由於膚色的關係，許多人並不認爲他是法國人，甚至有人在他獲得亞軍的時候，嗤笑地說：「那個第二名是誰啊？肯定是個北非人，你瞧，他們就是因爲天氣太熱了才會跑得那麼快。」但是，種種的冷嘲熱諷，米穆都放在心底，不讓自己被那些惡毒的言語擊垮。

米穆靠著自己的力量一路往前跑，終於跑出了聲名。能夠連續三屆代表法國出賽奧運，並且奪得獎牌，這在運動界是相當難得的殊榮。

後來，米穆獲得了法國國家體育學院的聘書，得以擔任體育教師，協助國家培訓更多有潛質的選手。他不再需要到咖啡店工作，不用再每天天未亮就起床練習長跑，但是回味起曾經歷經過的辛苦，他總是說：「我喜歡咖啡的滋味，喜歡那種香醇，也熱愛那種苦澀。」就好像他的人生歷程，歷經幾番苦澀的煎熬，終於得以品味苦盡甘來的香醇。

人生在世總有道不完的苦處，只有不怕吃苦的人才有苦盡甘來的時候。米穆的人生經歷給我們一個啓示，只要你不甘於平凡，你就有可能會不平凡；當別人看輕你、環境折磨你的時候，就是你自我砥礪的時刻。

人必須對自己負責，想要過什麼樣的人生，就靠自己的力量追求；想朝哪個方向發展，就引領自己的腳步前往。

只會站在原地等別人伸手拉一把，未免太過於消極，相對也會減低別人給你機會的意願。

態度決定你的人生高度，只要下定決心改變，機會就會出現。

想成功，就得爲自己設下努力方向，只要選定了目標，即使有人將你擊落谷底，你還是有機會攀上山頂。

成功的跳板就在我們身邊

只要我們的企圖心強，只要我們的膽識過人，只要我們的智慧充實，那麼，許多人事物都會是我們的成功跳板。

現實生活中，很多人都感慨自己欠缺機會。對這種說法，英國詩人約翰．戴維斯很不以為然，他曾經這麼寫道：「錯誤堵塞心靈的窗戶時，我們還有什麼判斷力？還有什麼辨別力？」

機會眞的看不見嗎？還是你總是退縮，害怕前進呢？

其實，每個人都有許多機會。只是因為個人的膽識與能力不同，而讓原本均等分配在你我手中的機會，在悟性不足或探尋不力的情況下，發生老是等不到機會的窘況。

在二次大戰期間，德軍佔領的芬蘭北方，出現了一個神秘的游擊組織，那是由英國飛行員約翰尼所領導的反抗組織，由於他好幾次突擊成功，他很快地便成爲當地的英雄人物。

直到芬蘭解放後，盟軍開始尋找這位神秘的英雄人物，然而根據官方的調查顯示，約翰尼在德軍退守前便因病去世了。

最讓人難以置信的是，英國皇家空軍最後還發現，在他們的飛行員名單中，居然沒有約翰尼這個名字存在。

但是，爲什麼這個名叫約翰尼的人事蹟卻如此普遍地流傳著呢？

後來，這個反納粹組織的游擊隊員也對外公開表示：「老實說，我們從未見過我們的領袖。」

「你們沒有見過約翰尼，那麼你們怎麼知道他的指令與計劃呢？」

「一切行動，全由一位名叫安妮的小女孩傳達。」

後來，盟軍找到了安妮，也終於弄清了事情的眞相。原來，安妮和弟弟一直很想參加當地的游擊隊，但因爲年紀太小，沒有人願意答應他們。

直到有一天晚上，他們在家門口發現了一位受重傷的英國皇家飛行員，很高興自己終於有機會參與這項抗戰任務。

儘管這兩個孩子盡心盡力地照顧這位飛行員，但他實在受傷太嚴重，最後還是因傷勢過重而去世了。

姐弟倆第一次面對死亡，十分傷心，然而就在這個時候，小弟弟竟天眞地說：「如果飛行員不死，他就能領導我們展開反抗運動了。」

安妮聽見弟弟的話，忽然心生一個念頭：「嗯，雖然他已經死了，但是我們仍可運用他的名義，展開抗戰行動。」

於是，姐弟倆將飛行員的遺物和證件收好，並積極策劃一個游擊小組，接著便對外聲稱，這個是由英國皇家飛行員領導的組織：「爲了保護領導者的安全，將由我們姐弟倆執行訊息的傳遞。」

因爲有飛行員的證件，也因爲他們姐弟倆只是個傳聲員，所以人們很快地便相信他們的話；原本缺乏援助的游擊隊，一聽見有英國的皇家飛行員挺身當他們的領導，一下子便凝聚了人氣，也增加了大家的信心。

一時間，士氣大振，游擊隊多次出擊令德軍連連敗退，最後終於成功地讓德軍退出芬蘭。

後來，盟軍領袖問安妮說：「妳爲什麼不親自出面呢？」

安妮認眞地說：「不行啦！我們只是鄉村小孩，連加入戰鬥小兵都不被接受了，如果我們出面組織游擊隊，有誰會相信我，願意跟我走呢？」

盟軍笑著說：「於是，你們就借用了『虛擬英雄』的力量來號召啊！」

安妮點了點頭，接著又不好意思地問：「這不算欺騙吧？」

積極救國的安妮，竟能勇敢地借用英雄之名，不僅充分表現出她的膽識，

更突顯出靈活的思維與積極的行動，將創造出一股無與倫比的巨大力量，而這也正是在混沌局勢中，擁有智慧與勇氣的人得以突圍而出的主因。

從安妮的成功經過中，我們也發現了一件事，仔細看看我們身邊的人事物，只要我們的企圖心強，只要我們的膽識過人，只要我們的智慧充實，那麼，許多人事物都會是我們的成功跳板。

生活的決定權在我們手中，事情能否迎刃而解，關鍵不在問題的難易程度，而是在我們是否有決心解決，又是否對自己的解決能力充分相信。只要這兩項都是肯定的，無論我們遇上什麼困難，也都能像安妮一般，緊緊把握住每一個躍向成功的機會。

勇氣是成就未來的最佳利器

沒有試過，我們永遠也不知道，前面看似搖搖欲墜的吊橋，原來沒有想像中那麼危險，更是我們踏入成功的最佳捷徑。

一個有勇氣與責任感的人，不管什麼樣的工作交到他的手中，都一定能順利完成，即使遇上麻煩也必定能逢凶化吉，化險爲夷。

所以，如果你也是個充滿好奇心且勇於面對的人，現在不妨給自己多一點行動與探索的勇氣吧！

有一間行銷公司的總經理正向員工們叮嚀一件事：「你們到八樓時，別走進那間沒有掛上門牌的房間，知道嗎？」

「是！」雖然老闆並沒有解釋原因，但員工們還是全部乖乖地答應。

一個月後，八樓那個房間果眞從未有人開門進去，在此同時，公司又新招聘了一批員工，而總經理也再次地向新進員工叮嚀一次。

只是，這回卻有個年輕人嘀咕著：「爲什麼呢？那裡該不會藏了什麼不可告人的秘密吧？」

當年輕人提出質疑時，總經理並未加以解釋，只是簡單地回答：「沒有什麼特別的理由。」

這樣的答案當然解決不了年輕人的好奇心，他回到位子後仍然困惑著：「既然沒有什麼特殊原因，爲什麼不能進去呢？」

坐在他身邊的資深員工便勸他：「做好你自己的事就對了，其他的事就別再多想，乖乖聽總經理的話準沒錯。」

「是嗎？」年輕人滿臉不以爲然地看著同事，這時他已經打定主意一定要去「一探究竟」。

到了傍晚，年輕人趁著大家正忙於下班的緊張時刻，一派自然地走到了八樓，只見他隨手敲了敲「神秘之門」，卻見門被敲了開來，原來這個門只是虛掩，根本沒有上鎖。

「這個情況會有什麼秘密呢？」年輕人完全摸不著頭緒地思索著。

他走進門，卻見屋子裡什麼東西都沒有，只有一張紙牌掛在牆上，上面寫有幾個鮮紅的字跡：「請把這張紙牌交給總經理。」

沒想到，年輕人真的拿下了紙牌，直接朝總經理室走去。

這時，同事們知道他「闖禍」了，紛紛勸阻他：「喂，你快把紙牌放回原位吧！我們會幫你保守密秘的。」

但是，年輕人卻搖了搖頭說：「不行，既然我敢違反規定走進去，就要爲自己的行爲負責，上面既然寫明了要交給總經理，那我就得送去給他，其他的就任憑處置。」

但令人意外的是，當大家以爲年輕人恐怕要被革職的時候，總經理居然走出來宣佈：「從今天開始，約翰調升為行銷經理。」

才剛剛踏入職場的約翰一聽，自己也吃驚地問：「因為這個紙牌嗎？」

總經理點頭說：「是的，我已經等了這個紙牌快半年。總之，我相信你一定能勝任這項職務。」

既有勇氣又有責任感的約翰，果然不負總經理的賞識，半年內便讓銷售部門的成績創下最佳紀錄。

從約翰的身上我們看見的不只是好奇心，還有他敢於挖掘問題的勇氣，以及讓他成功接下重任的負責態度。

或許有人要質疑，故事的結果會不會恰好相反，約翰非但無法升遷，更有可能因此丟掉工作。

不過，只要我們換個角度想，便能否定這個假設。

因為，一個能勇往直前的人即使丟掉了機會，很快地，他便能找到另一個

機會，一個勇於承擔責任而不逃避的人即使違規，聰明的主管也會因爲他勇於面對的責任感，而再給對方一次機會的！

如果我們眞有才能，就不該只會唯唯諾諾，聽主管說一句自己才動一步，有爲者不僅要懂得舉一反三，更要比別人具有遠見與實踐勇氣，即使明知前方危機重重，也要大膽嘗試。

因爲，沒有試過，我們永遠也不知道，前面看似搖搖欲墜的吊橋，原來沒有想像中那麼危險，更是我們踏入成功的最佳捷徑。

垂頭喪氣，如何找出生機？

不要把時間浪費在抱怨的情緒中，那不僅會讓人更加迷失，還會讓人越來越失去信心，在關鍵時候放棄自己。

有位美國學者曾經這麼說：「人生的目的只有兩件事：第一件是得到你想要的，第二件是得到之後要好好地享受它。不過，通常只有最聰明的人才能做到第二點。」

人生的目標確實只有這兩項，只是多數人在尚未達到目標前，便不耐煩地發出牢騷與埋怨，以致目標難以達成；即使目標已經達成，卻因人心貪婪，讓生命真正的樂趣一直囚困於追逐的疲憊中。

愛波在一九三四年春天，因爲一個親眼目睹的景象，讓他的人生完全改變。那年，因爲一場金融風暴，他經營好幾年，好不容易終於有了一點成績的公司，頓時間化爲烏有。

當時負債累累的他，頹喪地走在街上，無精打采地想著：「我該怎麼辦？我要到哪裡找錢來還債啊？老天爺，你爲何要這樣捉弄我？」

當時，他正走出銀行，已經做了要回家鄉打工的準備，因爲在這個城市裡，他不知道自己還有什麼樣的機會。

愛波的步伐相當沉重，幾乎是用拖行的方式前進，受到嚴重打擊的他，已經完全失去了信念和鬥志。忽然，垂頭喪氣的他一個不小心撞上了迎面而來的一個人，愛波自然而然地說：「對不起！」

在此同時，眼前的這個人卻給了他一個開朗的回應：「早啊，先生，今天天氣很好，不是嗎？」

愛波一聽，這才抬起頭仔細看看他的「巧遇」。

也許是上帝聽見了他的呼喊，所以派了這樣一位天使來救他，因爲眼前是一個失去雙腿的男子，他坐在一塊裝有輪子的木板上，用著尙存的一雙手藉著輪子的滑動，奮力地沿街推進。

當他滿臉笑容地對著愛波時，愛波整個人完全被震懾住了，像是被定住了一般，在街角停格，心中不斷地湧現出一種刺激：「他沒有腿，卻能如此快樂、自信，我有腿，應該比他更快樂、自信，不是嗎？」

「我很富有的，不是嗎？我還有雙腿可以自由前進，我爲什麼就看不見陽光呢？我一定要重新振作，我一定可以看見自己的陽光，跌一次跤算得了什麼，勇氣始終都在我身上，不是嗎？」

原本準備回鄉的愛波，決定繼續留在這個競爭激烈的大城市。憑著重新找回的信心和毅力，很快地，愛波找到了工作，也重新展開他的新生活。

看著故事中失去雙腿的殘障人物，仍然願意帶著微笑，笑看他的人生，回頭審視四肢健全的自己，你是否也感受到「不願面對自己」的羞愧？

曾經有個在太平洋上漂流了二十一天的男子，獲得救援後對朋友說：「在這次經驗中，我所得到最大的教訓是，只要有淡水就喝，只要有食物就吃，絕不浪費時間埋怨任何東西。」

不要把時間浪費在抱怨的情緒中，那不僅會讓人更加迷失，還會讓人越來越失去信心，更甚者還會讓人在關鍵時候放棄自己。

其實，只要人還活著，機會就還在，即使迷失在海洋中，只要手中還有一滴淡水可以喝，還有一口乾麵包可以吃，那麼我們都應該要滿心感激、好好珍惜，不該頹喪、放棄。態度決定你的高度，生活的決定權始終都在我們的手中，即使跌得再深，我們仍然能找到一線生機。

連死神也怕咬緊牙關的人

能夠咬緊牙關走過艱難的人，在他們身上都有一股十分驚人的支持力量，那是擊敗厄運之神的重要武器。

傳說死神也怕咬緊牙關的人，那是不是代表命運就掌握在我們的手中，連奇蹟也掌握在我們手中嗎？

是的，只要你能微笑地面對生活中的低潮，能笑著走過生命中最艱困的日子，那麼讓人驚嘆的奇蹟便會發生在你身上。

羅伯特和瑪麗終於攀爬到了山頂，一同站在山峰上眺望。

羅伯特忍不住讚嘆：「親愛的，妳看山下的那座城市，在陽光的照耀下竟是如此美麗！」

瑪麗開心地仰起了頭，跟著也驚呼：「你看，那藍天上的白雲，你感覺到了嗎？這兒的風好柔軟啊！」

兩個人開心得像孩子般，手舞足蹈起來，但是就在他們開心得忘形時，悲劇竟在這個時候發生。

羅伯特一躍竟一腳踩空，高大的身軀頓時被甩了出去，旋即便朝著萬丈深淵滑了出去。

眼看丈夫就要墜入深淵，正蹲在地上拍攝風景的瑪麗，連思考的時間都沒有，便下意識地一口咬住丈夫的上衣，倉促之間，雙手正巧緊緊地抱住立在她身邊的一棵樹。

眼前的景象是，懸在空中的羅伯特，正由兩排潔白的牙齒拉住，危急的情景像幅畫般，定格在高空崖邊，令人震懾。

因爲承受了極重的力量，瑪麗脆弱的牙齒開始動搖，慢慢地滲出了鮮血。但是，世界眞的有奇蹟，因爲瑪麗最後不僅撐過了這個痛苦的難關，也救回了丈夫的性命。

有人問瑪麗：「妳怎麼能撐那麼長的時間啊？」

瑪麗張開缺了幾顆牙的嘴，說：「我也不知道，當時在我腦子裡只有一個念頭：『我絕不能鬆口，否則羅伯特肯定會死！』」

這個奇蹟般的事蹟很快傳遍了各地，有人下了評註說：「看來，死神很怕『咬緊牙關』的人！」

相當震懾人心的故事，想像著瑪麗懸在半空中並緊咬著丈夫的畫面，閱讀至此，一定有許多人的情緒都跟著繃緊起來。

在那個剎那間，我們都看見了生命的潛能，那是在非常時刻才被激發出來的無限潛能！

死神確實害怕咬緊牙關的人，因爲能夠咬緊牙關走過艱難的人，在他們身上都有一股十分驚人的支持力量，那是擊敗厄運之神的重要武器，也是保護自己不受困厄擊倒的重要盾牌。

再怎麼辛苦，我們都不能輕易放棄，因爲沒有人可以測量出我們身上的眞正潛能，我們唯一可以確定的是：「只要我們能咬緊牙關，無論遇上了多麼艱困的險境，都一定能走過。」

除了速度，你還需要耐力

每個人的能力有限，你不一定是跑得最快的那一個人，但是你一定要有耐心，跑完全程。

現代人凡事都講求速度，心理的速度、流行的速度、消費的速度、浮光掠影的速度、走馬看花的速度，似乎非要能把握「快、狠、準」這個原則，才能稱爲現代人。

但是，你知道嗎？速度快未必就是好，因爲，如果缺乏耐性，那麼除了速度之外，你什麼也沒得到。

一位著名的長跑教練到陌生的城鎮物色年輕的選手，其中有個男孩潛力十足，引起了他極大的關注，教練把自己的電話號碼留給這個男孩，囑咐他當天下午打個電話給他。

到了下午，教練的電話響了，可是只響了六聲就沒了。

過了一會兒，電話鈴又響了，這一次，響了七聲。

第三次，電話鈴才響了一聲，教練就立刻把電話接起來。一聽，果然是那個男孩打來的。

教練接著問他，前面幾次電話是不是他打的，男孩承認了，所以，教練決定不收這個孩子做自己的隊員。

他說，電話鈴聲一般是響了十下之後沒有回應才掛斷的，可是那個男孩撥了三次電話，前兩次都是響沒幾聲就中途掛掉，之後再重撥，如果不是他不懂禮貌，就是他非常沒有耐性。他強調，「禮貌」和「耐性」等於是一個長跑選手的生命，因爲懂禮貌，所以能夠貫徹運動家精神；因爲有耐性，所以可以堅持到最後一分鐘。

頭兩次，教練故意不馬上接起來，爲的就是想考驗一下對方的耐性。結果男孩令他很失望，連幾秒鐘都不願意等待了，哪能指望他去跑馬拉松嗎？

長跑眞是一種吊詭的比賽，一方面比誰跑得最快，另一方面又要比誰撐得最久，與速度抗衡的，就是耐性。

所謂的第一，不是現在的第一，而是最後的第一。有記者訪問前美國總統柯林頓，「當總統最需要什麼？」柯林頓回答：「是耐心。」

因爲有耐心，所以可以泰山崩於前而面不改；因爲有耐心，所以可以和對手周旋到最後一分鐘；因爲耐心，所以沈著，所以聰明。

每個人的能力有限，你不一定是跑得最快的那一個人，但是你一定要有耐心跑完全程。

每一個孩子，都需要父母關注

親子互動間的差別待遇，往往是兄弟姐妹之間爭吵的重要關鍵，父母必須要多為自己的孩子設想，盡量達到公平，才不會多起紛爭。

成人在教育小孩的時候，經常遭遇到的最大問題是，不知道小孩心裡在想些什麼，以及如何體會小孩的感受和情緒。

無論年紀大小，每個孩子都需要父母的關愛。父母親要學會以各種不同的方式，適時展現自己對每個孩子的重視和關心，這樣，才不會使得某些小孩在長期缺乏關注的情況下，有了異常行爲出現。

有一天，柯維決定帶著兩個兒子一起來一趟「男人的旅行」，於是安排了一系列只有他們父子參加的活動。他帶著孩子去看體操表演和拳擊比賽，只要孩子想吃東西他就買，最後還一起看了一部兒童愛看的喜劇片。

儘管柯維從電影一開場就無聊得想睡覺，但還是覺得自己安排的這一系列活動，對於增進父子情感很有幫助。

電影到一半，四歲的小兒子蕭恩因爲體力不支，坐在椅子上睡著了，於是柯維便把他抱到自己的腿上。電影看完以後，柯維把蕭恩安置在後座，因爲晚上很冷，便脫下外套蓋在他身上。

坐在前座的大兒子史蒂芬一路都異常得沉默，柯維不禁想，難道他並不覺得今天過得很開心？

車子裡的氣氛悶到最高點，柯維強迫自己一定要沉住氣，不可以發脾氣。他看得出來史蒂芬有心事，但不明白什麼地方出了差錯，一整天大家不是都玩得很開心嗎？

回到家，柯維先把蕭恩送上床。等到史蒂芬換妥睡衣，刷好牙，柯維已經

在他的房間裡等他。

柯維躺在史蒂芬身邊，把他摟進懷裡，問：「史蒂芬，你覺得今天晚上過得如何？」

史蒂芬小聲地說：「還可以。」

柯維繼續問：「那你開心嗎？」

史蒂芬仍然說：「還可以。」

柯維又問：「那你最喜歡的是什麼？」

史蒂芬久久沒有回答，柯維感覺到懷裡的小小身體正在顫抖著，而後聽見兒子抽噎哭泣的聲音。

柯維把他抱轉過正面來，問道：「史蒂芬，怎麼了，你哭什麼？」

史蒂芬撇著嘴，滿臉淚痕，哽咽地問：「爸爸，要是我覺得冷的話，你也會給我蓋外套嗎？」

原來，再怎麼有趣的活動，也比不上父親下意識的關愛舉動。史蒂芬一整天下來當然很開心，但是，他發現父親在不自覺的情況下，特別照顧較年小的弟弟，當然會覺得自己受到冷落。他並沒有想要爭寵的意思，只是希望同樣能夠獲得父親的關愛。

較大的孩子，通常是父母親的小幫手，樂意幫忙照顧弟妹。由於他們懂事，常常會讓父母忘記了，他們其實也不過大了幾歲而已。

親子互動間的差別待遇，往往是兄弟姐妹之間爭吵的重要關鍵，父母必須要多爲自己的孩子設想，盡量達到公平，才不會多起紛爭。

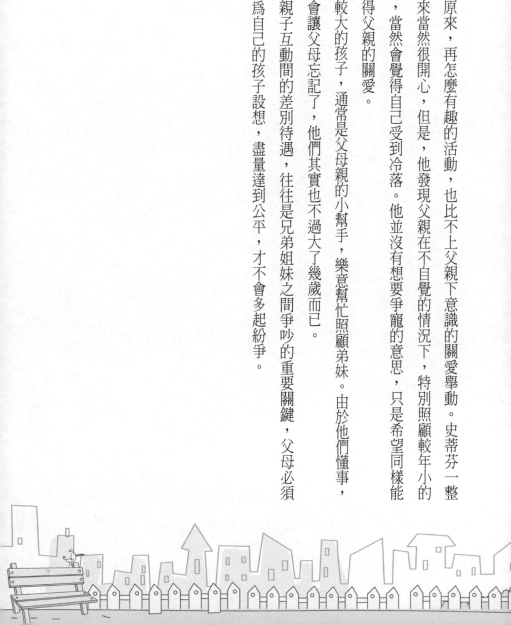

3. PART

能夠忍耐，便沒有阻礙

一個人的忍耐功力，往往是成敗的關鍵。
別低估自己所能承受的忍耐力，
這是一個人生命中最有價值的資本。

不受表相影響，才能靠近真相

事實就像拼圖，人們看到的只是拼圖的一角，並非全部。我們更該注意且提醒自己：「表相並不代表真相。」

我們每天都會從媒體上接收到許多資訊，其中有正確的，也有錯誤的。因此，看到某張照片、聽到某段話，千萬不要認爲：「事情就是這樣子，錯不了！」千萬不要讓表面現象蒙騙了。

好比瞎子摸象，每一個人所說的感覺都是「對」的，但是大象卻不單單只像蛇、牆壁或柱子。

人們總認爲自己很客觀，用眼睛和耳朵去看去聽，用鼻子、皮膚去聞去感

受，可是卻很少能分辨出，感覺出來的「事實」背後的「眞相」。

有時候，事實並非眞如想像的那樣！

英格麗．波曼十八歲那年參加皇家戲劇學校的考試。輪到她上台表演時，英格麗毫不緊張，認眞演出精心準備的作品，努力呈現最好的那一面。

就在演出的過程中，她的眼神從觀衆席上轉到評審身上，在那短短的一瞥中，令她大失所望。

她看到評審們個個漫不經心，時而聊天，時而說笑、比劃著，一點也沒有用心注意她的表演。

她絕望極了，認爲自己一定表演得很差，才引不起評審的興趣。到最後，失落的她甚至連後面的台詞也差點忘掉了。

突然，她聽到評審們說：「好了好了，謝謝妳，小姐！下一個……」英格麗腦海裡一片空白，才表演到一半就被趕下台，她的世界一下子混亂，眼眶也因爲淚水漸漸模糊了。

離開試場後，她來到一條小河邊，難過地望著水面上的倒影，覺得自己再也活不下去。她想在那裡結束自己的生命，但因爲河水太髒，臭氣薰天，動搖輕生的念頭。沒想到，第二天，她就收到皇家戲劇學校的錄取通知書。

若干年後，英格麗．波曼與那幾位評審們巧遇，對他們說起當年的情景，大家聽到都瞪大眼睛驚訝萬分。

其中一位評審立刻告訴英格麗：「眞是天大的誤會。那天妳一上台，我們就一致認爲妳中選了。妳是那麼的有自信，這是表演者最重要的特質，我們都很欣賞妳的台風。我當場對另外幾個評審說：『好了，別浪費時間了，就是她了！可以叫下一位上台了。』」

當你懊惱的時候，情況或許沒你想的那麼糟。

英格麗．波曼看到的，是評審散漫的行爲，是對自己的一種否定。沒想到他們所說的，卻是對自己的讚賞。如果當時英格麗就因爲這樣做出不理智的行爲，豈不是帶著遺憾離開人世？

事實就像拼圖，我們看到的只是拼圖的一角，並非全部。只看到部分事實，就譴責、定罪他人，而造成傷害的例子太多了。所以我們更該注意且提醒自己：「表相並不代表眞相。」

風箏在高空中看似靜止，其實它正不斷被風狂吹、被線拉扯；天鵝在水面上看似靜止、姿態優雅，水面下的雙蹼卻必須不斷地擺動。無論看到什麼現象，都要客觀冷靜，用點心去觀察背後的眞相，別太快妄下斷語。

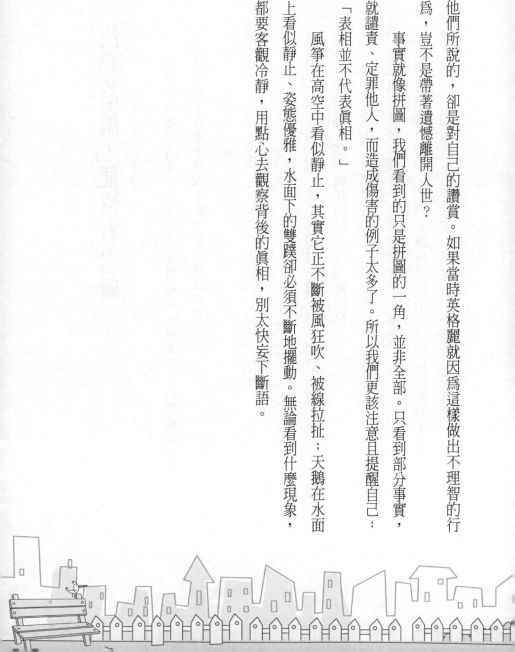

能夠忍耐，便沒有阻礙

一個人的忍耐功力，往往是成敗的關鍵。別低估自己所能承受的忍耐力，這是一個人生命中最有價值的資本。

當蚊子「嗡、嗡、嗡」地在耳邊飛上飛下時，相信多數人會停下手邊的工作，全身充滿殺氣，爲的就是將蚊子一掌解決掉。

蚊子尚好解決，若對象換成人、工作、噪音……時，又該怎麼辦？總不能一遇到麻煩事，就怒氣纏身，非得殺個片甲不留不可。

你是否曾經因爲壓力、煩惱，讓自己恨不得當個什麼都看不見、聽不到的人？即使如此，問題還是不能解決，該面對、該處理、該負責的事情也不會消

失。此時，又該怎麼辦呢？

有時候，人生就是需要「忍耐」來支持自己走下去。

有一個年輕人脾氣不但暴躁而且易怒，常常和別人打架，很多人都不喜歡他。有一天，他無意中遊蕩到大德寺，碰巧聽到一休禪師正在說法，聽完後深受感動，發誓痛改前非。

他對一休禪師說：「師父，我以後再也不跟人家打架、起口角了，免得人家看了我就討厭。就算是別人往我臉上吐口水，我也要忍下怒火，耐心擦去，默默地承受對方的不敬。」

禪師聽了年輕人的話，笑著說：「何必擦呢？就讓唾沫自行乾了吧。」

年輕人聽了有些驚訝，問禪師：「怎麼可能不把別人的唾沫擦掉呢？為什麼要這樣忍受啊？」

一休禪師回答說：「這沒有什麼能不能忍受的！你就把它當作蚊蟲停在臉

上，不值得開口罵它或打它，即使被別人吐了唾沫，也不是什麼大不了的侮辱，就微笑地接受吧！」

年輕人勉強接受，但馬上又問：「如果對方不是吐口水，而是用拳頭打過來時，又要怎麼辦呢？就這樣站著讓他打嗎？」

一休禪師回答：「不都一樣嘛！根本不用太在意，只不過是一拳而已。」

年輕人聽了，認爲一休禪師說得實在太過誇張，頓時怒火上升，終於忍耐不住，突然舉起拳頭，朝著一休禪師的頭猛力揮了一拳，並問他：「和尚，你說現在該怎麼辦？」

一休禪師非常關切地說：「我的頭硬得像石頭，沒什麼感覺。倒是你的手，大概打痛了吧？」

年輕人當場楞在那裡，再也無話可說了。

嘗遍人間一切心酸冷暖的法國作家巴爾札克曾經如此說過：「忍耐，是支持工作的資本之一。」

遇到不如己意的事，忍耐並不是退縮、懦弱的表現，只是用平常心去面對人生一些不平的境遇。

人都會有踩到「狗屎」的時候，有無理之人、惱人之事困擾著自己，和這些「考驗」起口角、暴衝突，都是不值得的。

韓信能忍胯下之辱，才有日後的成就。若當時的他忍不下一口氣，和人起爭執，大概已經英年早逝了。

一個人的忍耐功力，往往是成敗的關鍵。別低估自己所能承受的忍耐力，這是一個人生命中最有價值的資本。

與其責備，不如給未來一個機會

事後的責備並不會改變現狀，倒不如想想未來該怎麼做，讓每個在過去受傷、失落的心靈，都能平和的面對未來。

「早知道你考不上大學，當初就應該逼你唸高職……」

類似的責備，常出現在許多父母與子女之間，造成親情失和的狀況。在父母的心裡，對子女總是抱著很大的期許，就算失敗了，也會盡量幫助他們。

可是，正因爲期望越大失望就越大，一時情緒之下的責備，反而造成子女日後的心理傷害。尤其心靈不夠成熟的孩子，之後有好的成就出現時，也不會諒解父母當年責備的言語。

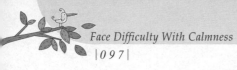

蓋爾和簡在大學時認識，不僅是同學，也是很好的朋友。

簡的父母，懷特夫婦共有六個孩子，三男三女。因爲其中一個女孩早年夭折，剩下的五個孩子非常珍惜彼此之間的感情。簡的家人都非常熱情，將蓋爾當作親戚般對待。

有一年夏天，蓋爾、簡及兩人的姊妹計劃一次長途汽車旅行。簡和他妹妹莎拉有多年駕駛經驗，蓋爾的妹妹艾美剛滿十六歲，獲得駕照不久，可以在旅途中偶爾小試身手，讓她非常興奮。

莎拉、簡和蓋爾輪流駕車，到人煙稀少的地方時，就讓艾美練習開車。通過南加利弗尼亞時，正好是由艾美駕車。

開到一個十字路口，艾美沒有注意到前方亮起的紅燈，快速闖過去，結果與一輛大拖車相撞，造成簡當場死亡，莎拉頭部受傷，艾美腿骨骨折，蓋爾只有擦破一點皮。

蓋爾非常悲傷，不知道該如何告知懷特夫婦簡的死訊，自己失去一個摯友，已經感到無比心痛，懷特夫婦失去的卻是一個孩子，對他們來說，這將是何等殘忍啊！

懷特夫婦接到電話，立刻趕到醫院。他們緊緊擁抱住蓋爾和艾美，內心悲喜交加。悲的是，他們失去一個孩子，喜的是，他們還有四個孩子活著。懷特夫婦擦乾蓋爾臉上的淚滴，開始與他們談笑。

這使蓋爾很震驚，懷特夫婦完全沒有指責和抱怨。蓋爾問懷特夫婦爲什麼沒有教訓艾美，因爲簡死於她闖紅燈造成的車禍。

懷特夫人說：「簡離開了，我們都非常想念他。可是，不論我們再如何抱怨，都不能讓簡回來。艾美還有很長的人生道路要走下去。如果我們責怪艾美，讓她背負死亡的包袱，她又怎能擁有一個完整、健康和美好的未來呢？」

懷特夫婦的做法完全正確，艾美在大學畢業不久後，成爲一名特教老師，幫助智障兒童學習成長。後來，艾美的兒子取名爲「簡」。

一味活在過去，不懂得活在當下開創未來的人，是最愚不可及的。無論過去如何不堪回首，畢竟都已經過去了，又何必讓自己和別人陷溺其中？

事情發生後，適度的檢討可以避免重蹈覆轍，幫助自己成長。至於事後的「責備」，不但無濟於事，反而會造成更多的傷害。

我們無法改變過去，更無法挽回已逝的生命。失去了那麼多後，還要毀掉現在，和未來美好的日子嗎？

懷特一家人除了擁有寬容的一顆心，更熱愛生命，不願意再次毀掉另一個年輕的心靈。他們拯救的不只是蓋爾和艾美，甚至是無數需要幫助的兒童。

事後的責備並不會改變現狀，倒不如想想未來該怎麼做。最重要的是，讓每個在過去受傷、失落的心靈，都能平和的面對未來。

被需要，是保持活力的特效藥

需要，是保持活力的特效藥；能成為「被需要」的對象，生命才會更有意義，即使必須因此而忙碌，也會覺得自己很幸福。

有一位長輩，五十好幾還是孤家寡人一個。他的生活過得非常節儉樸實，可是對家人朋友卻非常慷慨，總是不計一切地付出。

小的時候，總覺得這個長輩好奇怪，爲什麼他不對自己好一點，讓自己的生活過得舒適一點呢？直到現在才眞正明白，對他來說，被親朋好友需要，就是他最大的幸福！

不管碰到任何事，我們都不會害怕與惶恐，因爲我們知道，永遠會有個人

在那裡，支持、幫助我們。

在某個城市的一家醫院，同一間病房裡住著患有相同絕症的兩位病人，不同的是，一個來自鄉下地方，另一個則生活在醫院所在的大城市裡。

住在城市裡的病人，每天都有許多親朋好友以及同事前來探望。

家人前來時，總是憐惜地說：「家裡的事你不用擔心，還有我們呢。你只要安心養病就可以了。」

朋友探望時，則是安慰著：「現在你什麼也別想，專心養病就行。大夥兒都會抽空來看你的。」

同事來時，會開導他：「你放心，工作上的事，我們都替你安排好了，你現在的工作就是養病。」

來自鄉下地方的病人只有一位十二、三歲的小男孩看護著。他的妻子十天半個月才能看他一次，大多是爲了送醫藥費和一些換洗衣物而來。妻子每次來，總是不停地說東道西，要丈夫為家裡的事情拿主意。

例如，「快要播種了，今年要種西瓜，還是番茄？」「再過兩天，大伯就要嫁女兒了，需要送多少賀禮呢？」「女兒吵著要和表哥出遠門，該不該答應？」等等瑣碎問題。

幾個月後，戲劇性的變化發生了。生活於城市裡的那位病人，在親人、朋友、同事一聲聲「你放心吧」、「你就安心養病吧」的安慰聲中，感覺到他們已經不需要自己了，再也沒有活著的價值和意義。漸漸地，他失去與病魔戰鬥的信心和勇氣，在孤獨寂寞與病魔的侵蝕中，一點一滴地流失生命力，最後在某個安靜的夜晚死去。

至於來自鄉下地方的病人，則在妻子大事小事都要自己定奪、拿主意中，意識到家人不能沒有自己，無論如何都必須活下去，一股強烈的求生慾使他奇蹟般地活了下來。

世界沒了你，太陽依然會升起。但是身旁的人沒了你，生活將會完全改變時，你大概想盡辦法，也會讓自己活下去。就是這個信念，讓來自鄉下地方的病人，拼了命活下去。

大家都「需要」你時，或許你會感到不耐、困擾，忍不住想大喊：「爲什麼每件事都要找我！」

換個角度想，那是因爲自己很「重要」，非你不可。如果有一天，再也沒有人需要你，有你沒你都行時，空虛就會漸漸侵入生命裡。

需要，是保持活力的特效藥；能成爲「被需要」的對象，生命才會更有意義，即使必須因此而忙碌，也會覺得自己很幸福。

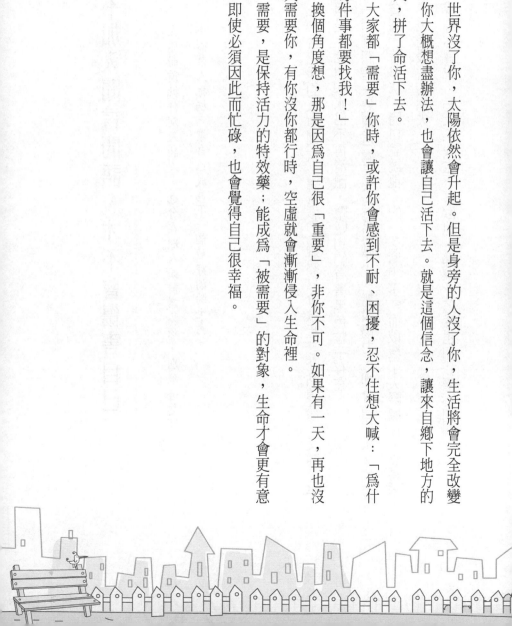

不加入閒言閒語，才不會傷害自己

在你面前批評別人的人，也會在別人面前議論你。別跟著起鬨，小心落人把柄，讓自己成為下一個被評論的主角。

在一盆乾淨的水中倒入一滴墨水，雖然只會激起一點點漣漪，又歸於平靜。但是，乾淨的水已不再清澈，隱隱約約有著黑色粒子存在。

「閒言閒語」就像這滴墨水，看似渺小、無殺傷力，卻會造成永久的傷害。貪圖一時口快，隨口說說他人的「芝麻小事」而破壞了人際關係，是最不必要，也是最大的損失。

或許你會說：「反正我也不喜歡他，那傢伙怎樣也和我毫不相關。」

殊不知，當你議論別人的同時，也是他人評估你的開始！

聖菲利普是十六世紀深受人們愛戴的羅馬牧師。一位年輕的女孩來到聖菲利普牧師面前，傾訴自己的苦惱。原來女孩有個不好的習慣，喜歡說三道四，傳些無聊的八卦。雖然她的心地不壞，但是這些閒言閒語傳出去後，常常帶給他人傷害。久而久之，人們都遠離她，再也沒人願意和她當朋友，因此她覺得很孤獨。

聖菲利普聽了對女孩說：「妳不應該任意談論他人的缺點。我知道妳也為此苦惱，但妳要為此贖罪。到市場上買一隻母雞，走出城鎮後，沿路拔下雞毛，四處散佈。妳必須一刻也不停手地拔，直到拔完為止。做完這件事之後，才可以回到這裡找我。」

女孩覺得這個贖罪方式非常奇怪，但為了消除自己的煩惱，沒有任何異議答應了。她買了一隻母雞，走出城鎮，遵照吩咐拔下雞毛沿途丟棄，然後回去

找聖菲利普，告訴他已完成所吩咐的事情。

聖菲利普說：「妳已經完成贖罪的第一個部分，現在要進行第二部分。妳必須回到散佈雞毛的路上，撿回所有的雞毛。」

女孩走回原路，可是這時候，風已經把雞毛吹得到處都是了。她只撿回部分雞毛，無法撿回全部。

女孩回來說：「我沒辦法撿回所有的雞毛。」

聖菲利普說：「沒錯，我的孩子，妳是無法撿回所有的雞毛。那些脫口而出的愚蠢話語不也是如此嗎？妳常常從口中吐出一些無聊謠言，有可能跟在它們後面，在想收回時就收回嗎？」

女孩低下頭慚愧的說：「不能。」

「那麼，當下次妳想說別人的閒話時，請閉上妳的嘴，不要讓這些邪惡的羽毛散落路旁。」聖菲利普誠懇地告誡她。

說別人的「壞話」，會有一種莫名的快感，因爲這是發洩情緒的一種方法。可是，在開口議論別人的同時，也是顯現自己內在的時候，人們會根據你說話的內容，評斷你的人品。不管你說的是否屬實，一個喜歡說人閒話的人，通常會被認定爲膚淺、沒水準的人。

話雖如此，將說「閒言閒語」當成興趣的人還不少，一天不說個幾句就會要了他的命。遇到這樣的人時，如何應對也是非常重要的。

有句饒富深意的西班牙諺語是這樣說的：「在你面前批評別人的人，也會在別人面前議論你。」

當別人在你面前說他人壞話時，千萬別做出任何評斷，也別跟著起鬨，小心落人把柄，讓自己成為下一個被評論的主角。

打開窗口，別讓冷漠成為殺手

想想自己是否看到、聽到人們求救的聲音時，卻冷漠走過。就算人不是你殺的，「冷漠」卻會讓你成為幫兇。

友人曾在一個大路口目睹車禍發生，坐在機車上等紅綠燈的她馬上打電話叫救護車。正當她講電話時，身旁不但沒人有動作，甚至以怪異眼光看她。在確定救護車把傷者載走後，她才離開現場。

事後，她打電話到醫院詢問傷者情況時，還被護士反問：「妳是他的家人嗎？還是是妳撞到他的？」

得知只是關心詢問時，護士直呼不可思議：現在很少有這樣熱心的人了。

在一個可怕的夜晚，狂風暴雨、雷電交加。蒸汽渡輪「埃爾金淑女號」撞上一艘滿載木材的貨輪，船上三百九十三名乘客全部掉入密西根湖的冰冷水中，他們拼命地掙扎，希望能獲得救援。

一位名叫史賓塞的年輕大學生游上岸後，又奮勇跳入冰冷的湖水中，一次又一次救出溺水的人。當他從湖水中救出第十七個人之後，終於因筋疲力盡而虛脫，再也無法站起來。從此之後，他在輪椅上度過了自己的後半生。

多年後，在某個機會下，一家報紙訪問他，那晚之後他最難忘的事是什麼時，史賓塞的回答是：「十七個人當中，沒有一個人事後向我說聲謝謝。」

這位因奮力救人而把自己餘生放進輪椅的青年，要的僅是一聲「謝謝」。然而他失望了，人們的冷漠並沒有因他的犧牲而有所改變。

紐約一個貧窮髒亂的法庭上，正審理著一樁偷竊案，當時任紐約市長的拉

巴地亞，旁聽了這樁偷竊案的審理過程。

被告是一位老婦人，被控罪名爲偷竊麵包。法官審問到她是否清白或願意認罪時，老婦人怯懦地回答：「我需要麵包餵養我那幾個餓著肚子的孫子，他們已經兩天沒吃到任何東西了……」

法官聽完，做出以下判決：「我必須秉公辦事，妳可以選擇十美元的罰款，或者是十天的拘役。」

判決宣布之後，拉巴地亞從席間站起身來，脫下帽子，往裡面放進十美元，然後面向旁聽席上的其他人說：「現在，請每個人另交出五十分的罰金，這是爲我們的冷漠所付的費用，處罰我們竟讓一個祖母偷東西，只爲了餵養孫兒這樣的事，發生在我們所居住的城市。」

那一刻，旁聽席上的人們感到無比的驚訝與肅穆，每個人都悄無聲息，面有愧色地捐出了五十分。

不幫助他人是個人自由，但是在這個人們互相依存的社會裡，很難擔保自己哪天有需要別人幫助的時候。

現在的治安之所以敗壞，大都起於人們冷漠的心。

看到強盜出現，不一定要幫忙抓賊，但是，至少打電話報警，而不是眼睜睜看著被害人遭受攻擊、傷害。

當一個受虐兒又傷重死去時，不必急著譴責那些不負責任的父母，而是先想想自己是否看到、聽到人們求救的聲音時，卻冷漠走過。

就算人不是你殺的，「冷漠」卻會讓你成爲幫兇。

「冷漠」或許是大環境的反應，是人們明哲保身的方法。但是，每當有刑事案件發生時，相關者成爲衆人注目焦點，案發地點也成觀光勝地，人們是如此「熱心」注意調查進度。

如果每個人都能以這樣的「熱心」，來關心受虐兒、中輟生、貧寒家庭，相信社會亂象一定會改善許多。

面對偏財更要謹慎對待

「錢」的多少並非引發禍事的主因，而是人「心」的問題。金錢，引出人性貪婪的一面，用盡各種防範手段，就怕人們覬覦。

「如果中了樂透頭獎，你想做什麼？」假使有人這樣問我，我一定毫不猶豫的回答：「準備逃難！」

能成爲大筆獎金的得主，是許多人一生夢寐以求的希望，但眞正能成爲那些幸運兒的人，卻是少之又少。有錢的確能讓自己過想要的生活，可是突然有了太多錢，可就讓人頭疼了。

天外飛來一筆偏財時千萬別太高興，因爲緊接而來的可能就是橫禍了。

看完以下幾則故事後，下次樂透得主不是你時，或許心理會好過點。

一九九一年十月，年約三十的雪莉與丈夫法蘭克花十美元買的彩票中了兩千六百萬美元。夫婦倆辭了工作，買了高級跑車、珠寶，到各地旅遊。接著，雪莉在家鄉買了一幢別墅，打算清閒地過後半輩子。

誰知，法蘭克沒有固定的工作後，生活過得愈來愈靡爛。過去，他很愛惜家中的那輛舊摩托車，如今卻要休旅車和豪華遊艇才能滿足。夫妻倆在花錢方面經常發生爭執，他們在一九九四年決定離婚，家產和獎金各分一半。

在享受過豪華的生活後，雪莉時常自問：「有一房子的古董和一大箱珠寶究竟有什麼意義？」

她花錢很省，但在慈善捐款時則毫不吝嗇。她說：「這個世界是不完美的，在這個不完美的世界上，我寧可要美滿的婚姻而不要錢。」

一九九七年十月二日，麥克．比爾在紐澤西州中了四百三十四萬美元的大獎。他的母親菲麗絲對他提出控告，認爲這筆獎金應由兩人平分，因爲這張獎券是他們兩人合買的。

據他們的朋友說，母子兩人的關係一向很好，並且經常一起出二十美元買獎券。結果，麥克與母親的關係，從此破裂，再也無法回到從前。

賓西法尼亞州的威廉．普斯特，在一九八八年買彩票中了一千六百二十萬美元的大獎，從此不幸接踵而至。他的親兄弟爲了奪得那筆獎金，居然僱了一名殺手，企圖殺死普斯特和他的妻子。事後，他的妻子和他離婚，帶走一半獎金。中獎五年後，普斯特便宣告破產了。

因爲金錢，有人失去了最愛，也因爲金錢，有人失去了性命。到底有錢是件好事還是壞事呢？

其實，「錢」的多少並非引發禍事的主因，而是人「心」的問題。

金錢，引出人性貪婪的一面，你必須用盡各種防範手段，就怕人們覬覦。因此，你失去平靜生活，整天提心吊膽，疑神疑鬼。因此，你失去生活目標，不知人生還有什麼意義。

有些人在中獎之後，乾脆把獎金分給親朋好友，或者多數捐給慈善機構，並且做好自己的生涯規劃，甚至繼續日常工作不改變。只有這些人，才能眞正享受中「樂透」的喜悅。

不必羨慕那些得獎的幸運兒，也不用盯著每期開獎數字讓心情大起大落。因爲，得到偏財的同時，往往隱藏著橫禍。

永遠別忘了一個原則：「生命中最美好的事物是無法用金錢買到的。」

美麗的未來建構於現在

我們反省過去的經驗，擬定未來的計劃，然後在現在實行。肯思考，肯努力，才能塑造自己的未來。

我們能坐在山坡上欣賞美麗風景，是因爲有前一段努力爬坡的過程；一場震撼人心的演出背後，是無數次辛苦練習的成果；小鳥要破蛋而出時，也要奮力啄裂困住自己的蛋殼。

現在的自己，都是過去塑造出來的，也就是由過去的種種經歷，累積出現在這個個體。那未來的自己，是不是也要現在的自己去發展、形成呢？

不管是過去、現在還是未來，生命都是息息相關的。

一個窮漢每天都在田地辛苦的工作，活了大半輩子，從來不知道有錢是什麼感覺。有一天，他突然想：「與其每天辛苦工作，不如向神靈祈禱，請祂賜給我財富，供我今生享受。」

他爲自己聰明的想法深感得意，於是就把弟弟喊來，將僅有的家產委託給他，吩咐他每天一定要到田裡耕作，別讓家人餓肚子。

窮漢仔細交代後，認爲沒有後顧之憂，就獨自來到天神廟，爲天神擺設大齋，供養香花，不分晝夜地膜拜，畢恭畢敬地祈禱：「神啊！請您賜給我安穩和金錢，讓我財源滾滾而來吧！」

天神聽見這個窮漢的願望，心想：「這個懶惰的傢伙，自己不工作，卻想謀求巨大財富。倘若他前世曾做布施，累積功德，給他些利益也未嘗不可。可是，查看他的前世行爲，根本沒有布施的功德，現在卻拼命向我求利。不管他怎樣苦苦要求，都是沒有用的。但是，若不給他一些利益，他一定會怨恨我，不妨用些技巧，讓他死了這條心吧。」

因此，天神化作他的弟弟，也來到天神廟，跟他一樣祈禱求福。

窮漢抬頭看見弟弟，不禁生氣地問他：「你來這兒幹嘛？我吩咐你去播種，你播下了嗎？」

弟弟說：「我也想跟你一樣，不用那麼辛苦的耕作，直接向天神求財求寶。我想天神一定會讓我衣食無憂的。縱使我不努力播種，天神也會讓麥子在田裡自然生長，滿足我的願望。」

懶漢一聽弟弟的祈願，立即罵道：「你這個混帳東西，不在田裡播種，就想等著收穫，實在是異想天開。」

弟弟聽見哥哥罵他，就故意反問：「你說什麼？再說一遍聽聽。」

「我就再說一次給你聽，你不播種，哪能得到果實呢？這樣的行為太傻了！」哥哥氣憤地說。

這時天神才現出原形說：「誠如你自己所說，不播種哪來的果實呢？」

雖然努力不一定會有收穫，但是不努力，絕對沒有收穫。

人其實是同步活在過去、現在與未來裡的。我們必須反省過去的經驗，擬定未來的計劃，然後在現在實行。

能眞正擁有未來的人，並不是走一步算一步的人。在每一個步伐中，即使迷惘、疑惑，也都是替未來鋪路前的一段熱身。

肯思考，肯努力，才能塑造自己的未來。想要怎樣的未來，取決於現在做些什麼、該做什麼！

未來想要怎麼收穫，就得看現在的你怎麼播種、怎麼努力耕耘，最後才會得到相對的結果。

4. PART

把自己的缺點變特點

每個人都有屬於自己的「特色」，
不管世俗眼光是否認同，
那就是「你」，獨一無二的自己，
沒有第二個人可以取代。

立即行動，才能解決困境

只要開始，任何事都不會太難，人類在碰到逆境時，往往能刺激潛能，發揮意想不到的能力。

大學時代，一位教導劇本的老師派了一項作業：寫出兩百場的劇本來。

當時，每個人都愣住了，認爲這是一項不可能的艱鉅任務，尤其對非本科系的學生來說，更是困難重重。

結果學期結束後，全班都如期完成這項作業。

「Just Do It！」做就是了。不要猶豫不決，別讓那些負面思考加深恐懼，只要往前走，你將發現光明就在不遠處。

西華·萊德先生是著名的作家兼戰地記者，曾在一九五七年四月號的《讀者文摘》上撰文表示，他收到過最好的忠告是「繼續走完下一哩路」。以下是從文章中擷取出的幾個小段落：

「第二次世界大戰期間，我跟幾個人不得不從一架破損的，即將摔毀的運輸機上跳傘逃生，迫降在緬印交界處的樹林裡。當時唯一能做的，就是拖著沉重的步伐往印度走。全程長達一百四十英哩，必須在酷熱的八月和暴雨的侵襲下翻山越嶺，長途跋涉。」

「才走了一個小時，我一隻長統靴的鞋釘突出鞋底，扎傷了腳。到了傍晚，雙腳都流出血，傷口範圍像硬幣般大小。我能一瘸一拐地走完一百四十英哩嗎？別人的情況也和我差不多，有的甚至更糟糕，他們能不能走到呢？我們都以為自己完蛋了，但是又不能不走。為了在夜晚降臨前找個休息的地方，我們別無選擇，只好硬著頭皮走完接下來的一英哩路。就這樣一英哩接著一英哩，我們終於走到目的地。」

「當我推掉其他工作，開始寫一本二十五萬字的書時，心一直定不下來。好幾次，我差點就放棄一直引以爲榮的教授尊嚴，想大聲地說：『我不想寫了！』可是，我沒有這樣做。最後，我強迫自己只去想下一個段落該怎麼寫，而非下一頁，當然更不是下一章。整整六個月的時間，除了一段一段不停地寫以外，什麼事情也沒做，結果居然寫完了。」

「幾年以前，我接了一件每天寫一個廣播劇本的差事，到目前爲止一共寫了二千個。如果當時簽了一張『寫作二千個劇本』的合約，一定會被這個龐大的數目嚇倒，甚至把它推掉。好在，一次只寫一個劇本，接著又寫一個，就這樣日積月累，眞的寫出這麼多部了。」

不要害怕眼前或想像中的困境，成果是一步步累積出來的，只要能跨出第一步，不停地往前走，就能達到目的地。冷靜地想想，有時候看起來像「障礙」的東西，其實不存在，都是自己給自己的限制，只要用冷靜的心情面對困境，能跨越它，就能繼續往前進。

很多人面對挑戰時，第一個浮現在腦海裡的念頭就是慌亂地認爲：「我一定做不到，那太困難了！」

或許是因爲負荷量太大，也或者是因爲難度太高，許多人行動之前總認爲自己不可能做得到。然而，不管是哪一種理由，只要下定決心開始進行，任何事都不會太難。

會以爲因難重重，是因爲潛能並沒有完全發揮。要知道，人類碰到逆境之時，往往能刺激潛能，發揮意想不到的能力。

別想著還有多少事情還沒完成，先做再說。路邊的小花即使颳風下雨，只要活著，就會努力生長，因爲那是它將生命延續下去的生存本能。人也一樣，不管如何都得朝目標勇敢前進。

嘗試，是成功的開始

成功並非完全是上天的恩賜，想要達到目的地，就得付出努力，走過各階段的磨練，最終才能享受成功的喜悅。

有些人看到別人出色的成就，除了羨慕之外，甚至會心生嫉妒，說出酸溜溜的眼紅話：「哼，他只不過是運氣比較好。如果給我相同的環境，我就不信我會比他差！」

成功真的只是靠機運嗎？那是絕對不可能的。

或許有些人天資聰穎，打拼過程較他人容易些，但不代表成功就能唾手可得。每顆果實成熟前，都必須歷經播種、發芽、開花，才能結果。

葛爾．波頓早年埋頭於發明創造，先發明了脫水肉餅乾，但並未替他帶來任何財富，反而讓他在經濟上陷入窘境。由於第一次失敗的教訓，波頓經過兩年反覆試驗，終於又製成另一種新產品——煉乳，決定把它推向市場，第一步就是替產品申請專利保護。

波頓發明的煉乳，用一種純淨、新鮮的牛奶製作，牛奶裡大部分的水分在低溫中已經利用眞空抽掉。但是，波頓爲他的製造方式申請專利權時，得到的答覆竟是：產品缺乏新意！

專利局官員還告訴他，在已批准的專利申請存檔中，已經有數十種「脫水乳」申請過專利權，其中包括一種「以任何已知方法脫水」的檔案。

此後，波頓又陸續再提出申請，雖然不斷被駁回，但並未把他擊倒，仍不放棄煉乳製造的專利權，堅信他的創造有獨特價値存在。終於，在第四次申請專利時批准了。

雖然波頓有了專利權，但是推銷新產品的過程並非一帆風順。顧客仍然習慣把摻有水分的牛奶放入一些發酵品進行蒸餾，他們覺得煉乳這個東西非常古怪，對它一直持有疑心，煉乳始終乏人問津。波頓的兩位合夥人都失去了信心，第一家煉乳廠被迫關閉了。

葛爾．波頓只好用僅剩的錢建立了新廠，每天花費十八個小時在廠裡指導煉乳的生產方法，監督生產程序，檢查衛生清潔情況。在他不願放棄的努力之下，產品終於獲得民眾認同。

波頓的成就奠定了現代牛奶工業生產的基石。

葛爾．波頓的墓碑上，有這樣一段墓誌銘：「我嘗試過，但失敗了。我一再嘗試，終於成功。」

這正是對他一生的總結，對每個渴望成功的人來說，也是最實際的激勵，告訴我們無論遭遇什麼困境，都必須讓頭腦保持冷靜，不要因爲亂了方寸而做出錯誤的決定。

人生有時就像打棒球，可能一次次揮棒落空，經過多次嘗試後好不容易打出安打。但別以為這樣就結束，你還必須跑過一壘、二壘、三壘，再奔回本壘，一個壘包也不能漏掉，才能得分。

成功並非完全是上天的恩賜，想要達到目的地，就得付出相當程度的努力，走過各階段的磨練。

當一個目標確立後，就必須要有「將一步步歷經艱辛過程」的心理準備，最終才能享受成功的喜悅。

捨棄眼前小利，是為了長遠契機

人生道路還很長，別為了眼前的小利，放棄遠大的夢想。記得時時反問自己：「我的夢想價值多少？」

走出校園後，許多大學畢業生找不到合適工作，但卻已經有兩三家公司請她去上班。在許多條件不錯的選擇中，她獨獨看上一間薪資普通的小公司。

每個人都認爲她很傻，爲什麼要放棄好機會，去做個小職員？一段時間後，她發揮所學，屢屢爲公司創下佳績，職位連升幾級，也被賦予重任。幾年後，這間小公司翻身爲知名企業，她自然也前程似錦。

因爲獨到的眼光，讓她捨棄眼前的小利益，選擇有前瞻性的工作，她知道什麼才是適合自己的道路。

亨利在貧窮的家庭中出生，雖然過得很辛苦，但是家裡卻充滿了愛和關心，他活得非常快樂，而且充滿朝氣。

亨利的運動細胞特別發達，十六歲的時候，便能夠扔出時速九十英哩的快速球，並且準確地擊中美式足球場上任何一件移動的東西，他希望自己能在運動上闖出好成績。

他的高中教練奧利．賈維斯認爲亨利是個人才，也是亨利人生道路上的啓蒙老師。他讓亨利知道，人必須相信自己，擁有一個屬於自己的夢想，這樣不僅可以改變生活條件，也會有不同的人生。

亨利高中三年級的那年夏天，一個特殊的經驗讓賈維斯教練永遠地改變了亨利的生活。

當時，一個朋友推薦亨利一份暑期工讀工作。這也意味著他的口袋裡將會有錢，不但可以買輛自行車和新衣服，更能夠開始存錢爲母親買一棟房子。這份工作對他來說極具誘惑，讓他高興得跳了起來。

可是，他也意識到，如果做這份工作，暑假就無法練球，也不能參加比賽了。他把這件事告訴賈維斯教練的時候，教練如他預料般生氣了。

「你還有一生的時間可以去工作，」教練說：「但是，你練球的日子是有限的，你根本浪費不起！」

亨利低著頭站在教練面前，努力想解釋，爲了那個替媽媽買房子的夢想，即使讓教練對他失望，也覺得值得。

「孩子，你做這份工作能賺多少錢？」教練問道。

「每小時三點二五美元。」

教練繼續問道：「你認爲，一個夢想就值一小時三點二五美元嗎？」

這個問題，赤裸裸地擺在亨利的面前，讓他看清了立刻得到某些東西和樹立一個目標之間的不同之處。

那年暑假，亨利全心投入練球。後來，他在亞利桑那州的州立大學獲得美式足球獎學金，得到繼續接受教育的機會。

一九八四年，亨利與丹佛野馬隊簽署一份一百七十萬美元的合約。他終於爲他的母親買了一座房子，實現了夢想。

曾獲得諾貝爾和平獎的史懷哲博士說過：「假若只需要一份工作，這世上的工作太多了。問題是，人必須選擇一份有意義的工作。」

這個道理雖然很多人懂，但是面臨抉擇的時候，能做到的卻不多。放棄眼前馬上就能擁有的，選擇去做得努力一陣子才可能有點成就的事，必須要有冷靜的頭腦，以及很大的決心和遠見。

如果你只是爲了薪水而工作，就無法在工作中得到更深的體會，自然沒有好的效率，又怎麼會有開拓性的未來呢？

人生道路還很長，別爲了眼前的小利放棄遠大的夢想。記得時時反問自己：「我的夢想價值多少？」

面對工作放輕鬆，就容易成功

人在輕鬆的心情下，腦袋裡自然會出現好點子，用遊戲的心情工作，也能提升工作效率，將興趣和工作結合，事情就容易上手。

不管是唸書或工作，做一件事時，大多數的人都會被交代要認眞去做。通常，事情只要認眞、專心去做，得到的成果都不會太差。

但是，過度的認眞，也可能會抹煞掉原來活躍的腦力和創造力，認眞和死板的公式結合在一起，就會變成僵硬的思考模式。

難道要不認眞嗎？不，除了認眞，還要樂在其中。觀察孩子們玩遊戲，會發現他們非常專注於一件事上，專心享受那種遊戲的樂趣。

他們認眞嗎？是的，他們非常認眞玩遊戲。那麼腦袋僵死了嗎？並不會！因爲他們以遊戲的心情面對這個認眞。

著名金融家摩根很喜歡賺錢，對賺錢的態度甚至達到癡迷的程度。他一直有個習慣，就是在每天日落的時候，走到附近小報攤上買一份載有股市收盤的晚報回家閱讀。當朋友們都在忙著休閒娛樂的時候，他說：「有些人熱衷於研究棒球或者足球時，我卻喜歡研究怎麼賺錢。」

與人談到投資的時候，他總是說：「玩撲克牌的時候，你必須認眞觀察每一位玩家。你會看出一位冤大頭，如果看不出，這個冤大頭就是你。」

有人開玩笑說：「摩根，你已經是百萬富翁了，這種滋味如何啊？」

摩根的回答頗讓人玩味：「凡是我想要的東西，而且可以用錢買到的時候，我都買到了。至於其他人所夢想的東西，比如名車、名畫、豪宅，我都不爲所動，因爲我不想得到。」

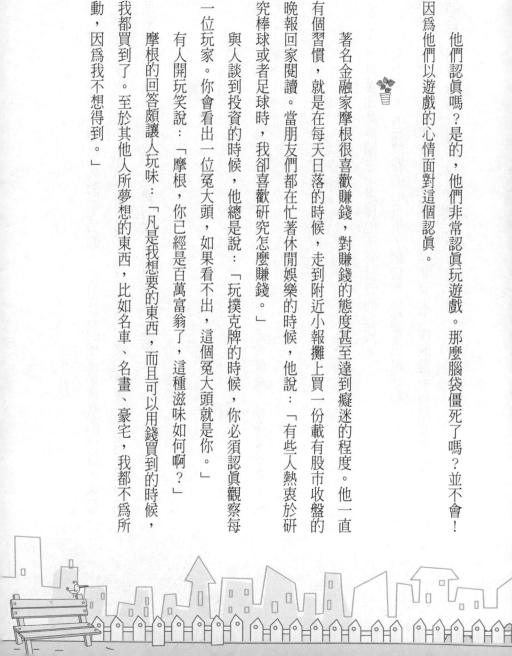

摩根並不是一個爲金錢而生活的人，他喜歡的僅僅是遊戲的感覺，那種一次次投入資金，又一次次透過自己的智慧把錢賺回來的感覺，充滿了風險和心理煎熬，但也頗爲刺激。他要的就是那種刺激的感覺。

摩根曾經這麼說過：「金錢對我來說並不重要，主要是賺錢的過程，那種不斷接受挑戰的感覺才是樂趣。我不是愛錢，而是愛賺錢，接著看著錢滾錢，才是最有意思的事情。」

對摩根來說，賺錢就是一種遊戲。他並不在乎賺多少，賠多少，他要的只是賺錢過程的樂趣。沒有太大的得失心，可以讓他毫無顧忌，選擇他所要投資的方式。

一般而言，人在輕鬆的心情下，腦袋裡自然會出現好點子，用遊戲的心情工作，也能提升工作效率。這種說法並非要人工作散漫，而是要將興趣和工作結合，用歡喜的心情面對，事情就能容易上手。

把自己的缺點變特點

每個人都有屬於自己的「特色」，不管世俗眼光是否認同，那就是「你」，獨一無二的自己，沒有第二個人可以取代。

前一陣子，有戶人家的母雞孵出長著三隻腳的小雞，牠多出一隻腳的特別長相，成爲家裡的珍愛寵物。

兒童文學經典之作《夏綠蒂的網》，主角小豬韋白，也因爲蜘蛛夏綠蒂的幫忙，讓人誤以爲牠是一隻「非凡」的豬，逃過被屠宰的命運。

歌手蔡琴最讓人印象深刻的，是臉上那顆黑痣。

這些例子都說明，看似缺陷的部分，很可能成爲一個人的特色。

二十世紀的八〇年代，有位名叫安德森的模特公司經紀人，看中一位身穿廉價服飾，不拘小節、不施脂粉的女孩。這個女孩來自美國伊利諾州一個藍領家庭，唇邊長了一顆讓人怵目驚心的大黑痣。她從來沒看過時裝雜誌，沒化過妝，與她談論時尚等話題，根本一問三不知。

每年夏天，她隨著朋友一起在德卡柏的玉米地裡剝玉米穗，賺取來年的學費。這樣一個平凡的女孩，卻深深吸引安德森，他要將這位帶著田野玉米氣息的女孩介紹給經紀公司，結果遭到一次次的拒絕。

有的人說她粗野，有的說她惡煞，什麼理由都有，追根究底就是女孩唇邊那顆大黑痣搞的鬼。可是安德森卻下了決心，要把女孩及黑痣一起推銷出去。他為女孩做了一張合成照片，小心翼翼地把大黑痣隱藏在陰影裡，然後拿著這張照片給客戶看，客戶果然滿意，馬上要見本人。

本人一來，客戶發現那顆痣，當場指著女孩的黑痣說：「妳必須把這顆痣弄掉，否則一切免談。」

當時鐳射除痣很簡單，無痛且省時，但女孩毫不妥協：「我就是不拿！」安德森有種奇怪的預感，他堅信不移地對女生說：「妳千萬不要摘下這顆痣，將來妳出名了，全世界就靠著這顆痣認識妳。」

幾年後，這女孩果然紅極一時，日入三萬美金，成為天后級人物，她就是名模辛蒂．克勞馥。她嘴唇邊的大黑痣在今天被視為性感的象徵，嫵媚中帶有一絲桀驁不馴的味道。

在辛蒂成名的路上艱辛不斷，幸好遇上「保痣人士」安德森，才有現在的她。如果她摘了那顆痣，就只是一個普通的美人，頂多拍幾次廉價的廣告，就淹沒在繁花似錦的美女堆裡。

辛蒂．克勞馥的芳唇曾經被人叫過驢嘴，影星舒琪幼年時也曾因別人嘲笑她豐厚的嘴唇而自卑。如今，這些當年的「遺憾」，都成為她們後來的招牌，

以及性感的象徵。

每個人都有屬於自己的「特色」，可能是小眼睛、暴牙、結巴、禿頭……等等。但是，不管世俗眼光是否認同，都要冷靜地面對，因爲那就是「你」，獨一無二的自己，沒有第二個人可以取代。

有些人會因爲這些「特色」失去信心，甚至去美容整形。若大家都如此，這個世界上便只剩下長相「平凡」的「俊男美女」了，只有那些「原裝」的男孩女孩，才有機會展現自己的「個性美」與「自然美」。

你唯一應該做的是，把自己的缺點變特點，保有並接受自己的「特色」，你才會與眾不同。

在沒人走過的道路尋找出路

別害怕走別人沒走過的路，大家都說不行的事未必真的不行。與其跟著浩大隊伍前進，何不開創屬於自己的道路讓人追隨？

「選這個就對了，你看那麼多人做過，沒問題的啦！」

當我們要做一件事，周遭常會出現很多聲音，給予中肯的意見。其中最常見的，就是要我們以他人爲榜樣，照著做就是了。

然而，這些被追隨的對象，其實也是跟著前面的人留下的足跡走的。多數人堅信且贊成的眞理、方向、意見等等，雖然普遍爲大衆接受，相對的也缺乏獨創性。就像被無數人踩過的地面，看不出曾有哪些足跡留下。

一八九九年，愛因斯坦在瑞士蘇黎世聯邦工業大學就讀時，指導他的老師是數學家明可夫斯基。愛因斯坦肯動腦、愛思考，深得明可夫斯基賞識，師徒二人經常一起探討科學、哲學和人生。

有一次，愛因斯坦突發奇想，問明可夫斯基：「一個人，比如我吧，究竟怎樣才能在科學領域，以及人生道路上留下自己的足跡，為世界貢獻呢？」

一向才思敏捷的明可夫斯基當場被問住了。直到三天後，他才笑容滿面找愛因斯坦，非常興奮地說：「你那天提的問題，我終於有答案了！」

「什麼答案？」愛因斯坦迫不及待地抓住老師的胳膊，「快告訴我呀！」

明可夫斯基比手畫腳好一陣子，卻怎麼也說不明白，於是拉著愛因斯坦朝一處建築工地跑去，直接踏上建築工人剛剛舖平尚未乾固的水泥地面。在工人的斥喝聲中，愛因斯坦一頭霧水，非常不解地問明可夫斯基：「老師，您這不是領我誤入歧途嗎？」

「對，對，就是歧途！」明可夫斯基顧不得別人的指責，非常專注地說：「看到了吧？只有這樣的『歧途』，才能留下足跡！」

然後，他又解釋說：「只有新的領域，只有尚未凝固的地方，才能留下深深的腳印。那些凝固很久的老地面，那些被無數人、無數腳步涉足的地方，別想再踩出腳印來……」

聽到這裡，愛因斯坦沉思良久，非常感激地對明可夫斯基說：「恩師，我明白您的意思了！」

從此，強烈的創新和開拓意識，開始主導愛因斯坦的思維和行動。

愛因斯坦曾經說過這樣的話語：「我從來不記憶和思考詞典、手冊裡的東西，我的腦袋只用來記憶和思考那些還沒載入書本的東西。」

在愛因斯坦離開校園，剛進入社會的前幾年裡，不過是伯爾尼專利局一個沒沒無聞的小職員。他利用業餘時間進行科學研究，並在物理學三個未知領域

裡齊頭並進，大膽而果斷地挑戰並突破了牛頓力學。他剛滿二十六歲的時候，就提出狹義相對論，開創物理學的新紀元，爲人類做出卓越的貢獻，並在科學史冊上留下深深足跡。

的確，跟從多數人選擇的方向，通常不會遇到大風大浪，但是也不會有很大成就。大家都說好，大家都去做，同一塊大餅那麼多人分，能得到的又是其中的幾分之幾呢？

換個角度想，或許大家都說不行的事，反而是成功的點子！

想留下自己的腳印，就別害怕走別人沒走過的路，大家都說不行的事未必眞的不行。與其跟著浩大隊伍前進，何不開創屬於自己的道路讓人追隨？

你一定要相信，自己也可以成爲隊伍最前面的那一個人。

就算經驗豐富，也要力求進步

有些人雖然經驗豐富，卻不再學習，所以無法進步。有的雖然經驗不多，卻不停吸取新知，自然不斷進步。

有一種人，隨時隨地都可以說出一套長篇大論。一開始，你可能欽佩他多樣的人生經歷，可是再仔細深入了解，你會感到疑惑，一個閱歷如此豐富的人，爲何高不成、低不就？在那套千篇一律的經驗談後，沒有更好的成就出現呢？

生活是一種經驗的累積，每個人都在一次又一次的經驗中學習和成長。可是，擁有同樣經驗的人，卻不一定會有相同的成果。有人前進了，有人在原地踏步，有人甚至後退了。

到底兩者的差別在哪兒呢？

很久以前，有一個賣草帽維生的人，每天都要背著一捆編好的草帽到市集叫賣。一個大熱天，他走得汗流浹背，感到非常疲憊，剛好路邊有一棵大樹，他就把草帽放下，坐在樹下歇息，在涼風輕吹下，迷迷糊糊地睡著了。

當他醒來的時候，突然發現身旁的草帽都不見了。他嘆了一口氣，想著今天晚餐沒著落了，正準備打道回府時，頭頂上傳來一陣怪聲，抬頭一看，只見樹上有很多猴子攀爬著，每隻猴子的頭上都有一頂草帽。

他對著猴子揮舞手腳、大呼小叫，希望能嚇嚇猴子，取回草帽。沒想到，猴子不爲所動，甚至學他的動作，開心地跳上跳下。

他搔著頭，苦惱該怎麼辦時，突然摸到頭上那頂草帽，靈機一動，心想，既然猴子喜歡模仿人的動作，那就教牠們如何「歸還」帽子。於是，他趕緊把

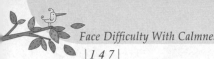

頭上的草帽拿下來，丟在地上。

果然，猴子也學著他，紛紛將草帽扔在地上。他高高興興地撿起草帽，往市集前進。回家之後，他將這件奇特的事，告訴了他的兒子和孫子。

很多年過後，他的孫子繼承了家業。有一天，在賣草帽的途中，也跟爺爺一樣在大樹下睡著了，草帽同樣被猴子拿走了。孫子想到爺爺曾告訴他的方法，於是脫下草帽，丟在地上。

但奇怪的是，猴子竟然沒有跟著他做，還直瞪著他看。他百思不得其解，到底哪裡出了差錯？

看到這裡，聰明的你是否知道問題出在哪呢？

是的，猴子們瞪著賣草帽的孫子時，心裡想的正是：「開什麼玩笑！你以爲只有你有爺爺嗎？」

英國劇作家蕭伯納說過：「人是否賢能的關鍵，並不在於經驗的多寡，在於他如何發揮經驗。」

有些人雖然經驗豐富，卻不再學習，所以無法進步。有的雖然經驗不多，卻不停吸取新知，自然不斷進步。

對賣草帽的人和猴子來說，第一次的相遇，讓他們擁有各自的經驗：猴子會模仿人類的動作、人類會設陷阱。幾年後，猴子知道人類的動作會有陷阱；而人類卻忘記睡在樹下要把草帽收好，結果再一次被猴子拿走，還用老方法想取回草帽，自然無法引誘猴子上當。

懂得利用經驗的人，即使失敗了，也能將傷害減到最低，因為他們能從挫折中得到教訓，再也不犯同樣的錯誤。自恃經驗豐富，不懂得謙虛學習的人，就算擁有一時的成功，也很難有一輩子的好運。

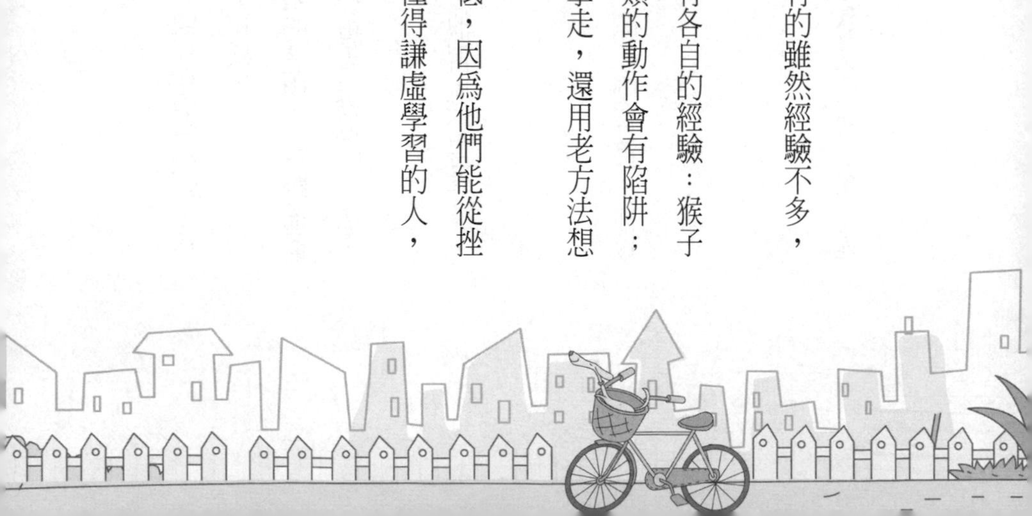

發掘自己的價值，使人生更充實

一個人擁有多少「價值」，高不高貴，絕對不是他人認定的標準，而是出自本身的內涵和認知。

激勵作家馬登曾經寫道：「能抱持著希望生活的人，當別人看到了失敗，他卻看見了成功；當別人瞧見了陰影和風雨，他卻看到了陽光。」

確實，唯有積極樂觀、對生活充滿希望的人，才能賞識自己，才能在不順遂的際遇中發掘自己的價值。

人生最糟糕的狀況就是滿腦子灰暗的念頭，成天自怨自艾，一味懷疑自己，陷溺在負面思維中無法自拔。

一個年輕人覺得自己什麼事都做不好，大家都嘲笑他沒用，又蠢又笨。他非常難過，找老師訴說煩惱。

老師說：「孩子，我很遺憾，現在幫不了你，我得先解決自己的問題。」他停頓了一下，繼續說道：「這樣吧，如果你先幫我個忙，等我的問題解決後，或許可以幫助你。」

「如果能幫上您的忙……是我的榮幸。」年輕人很沒自信地回答。

老師把一枚戒指從手指上摘下來，交給他說：「騎著馬到市集去，幫我賣掉這枚戒指，我要還債。記住，要賣個好價錢，最低不能少於一個金幣。」

年輕人拿著戒指離開了，一到市集，就拿出戒指叫賣。

人們紛紛圍上前，當年輕人說出戒指的價格後，有人嘲笑他，有人說他瘋了，只有一位老人好心地向他解釋，一個金幣是很值錢的，用來換這樣一枚戒指一點也不划算。有人想用一個銀幣和一些不值錢的銅器交換這枚戒指，但年輕人記著老師的叮囑，斷然拒絕了。

年輕人騎著馬緩緩歸來，沮喪地對老師說：「對不起，我沒有換到您要的一個金幣，可能可以換到幾個銀幣吧。」

「孩子，」老師微笑著說：「首先，我們應該知道這枚戒指的真正價值。你再騎馬到珠寶商那兒，告訴他我想賣這枚戒指，問問他給多少錢。但是，不管他說什麼，你都不要賣，帶著戒指回來。」

年輕人來到珠寶商的店，商人在燈光下用放大鏡仔細檢驗戒指後說：「年輕人，告訴你的老師，如果他現在就想賣，我最多給他五十八個金幣。」

「五十八個金幣？」年輕人不敢相信自己的耳朵。

「是啊，我知道要是再過久一點，也許可以賣到七十個金幣。關鍵在於你的老師是不是急著要賣。」珠寶商說。

年輕人激動地跑到老師家，把珠寶商說的話告訴老師。

老師聽後說：「孩子，你就像這枚戒指，但是，只有真正內行的人才能發現你的價值。每個人都像這枚戒指，在人生這個大市場裡要自我珍視，同時也要努力，讓我們遇到的人，就算不內行，也能發現我們眞正的價值。」

年輕人頓悟，也將眉頭舒展開來。

人在徬徨迷惑的境遇中，最容易懷疑自己存在的價值，正因爲胸臆中充滿懷疑，往往不懂得珍惜自己。

其實，衡量一個人擁有多少「價值」，高不高貴，絕對不是他人認定的標準，而是出自本身的內涵和認知。就如同拉羅修克夫曾經說過的：「人的生命就像果實一般，同樣各有他成熟的季節。」

每個人人生的高峰期都不一樣，就像水果有屬於自己成熟的季節一樣。重要的是在等待的階段，必須了解自己、努力充實自己，使成熟季節保持更久，使果實長得更完美。

有好的領袖，能更上層樓

身為領導者，必須擁有更冷靜的頭腦、更大的心胸、更廣的眼界接納部下的建議，如此不僅使屬下的才華得以發揮，自己也能從中成長。

公司中常常會出現一個現象：在緊要關頭，上司抱怨屬下派不上用場，屬下埋怨上司不了解自己的能力。

一般來說，企業都非常重視員工的訓練和教育，希望培養出更多沉著冷靜的人才爲公司效力。可是，倘若領導者的觀念不夠正確，做事不夠謹慎，就可能造成員工懷才不遇的情形發生。

「領導者」的角色非常重要，甚至會左右一家公司的前途。要讓底下的人願意跟隨自己，就在於領導者能給屬下多大的幫助。

新力公司董事長盛田昭夫多年來保持著一個習慣，就是和職員們一起用餐、聊天，培養彼此的合作意識，及良好的互動關係。

有一天晚上，盛田昭夫按照慣例走進員工餐廳與職員們一起用餐，發現一位年輕職員鬱鬱寡歡，滿腹心事，只是悶著頭吃飯，誰也不搭理。盛田昭夫於是主動坐在他對面。

幾杯酒下肚之後，這位職員終於開口了：「我畢業於東京大學，原本有份待遇十分優渥的工作。當時，我對新力公司非常崇拜，認爲若能進入這家公司，會是一生最佳的選擇。進入後我才發現，我根本不是爲新力工作，而是爲科長做工。坦白說，我的科長是個無能之輩，更可悲的是，部門所有提案與計劃都得經過科長批准。我自己的一些小發明與建議，科長不僅不支持，還挖苦我不自量力、野心太大。我十分洩氣，心灰意冷，如果這就是新力公司，我又何必放棄原有的工作來到這裡呢？」

這番話令盛田昭夫十分震驚，心想類似的問題在公司內部恐怕不少，管理者應該關心基層員工的苦惱，了解他們的處境，而不是堵塞他們上進之路。於是，他建立新的人事管理制度。

從此以後，新力公司每週出版一次內部小報，刊登公司各部門的「求人廣告」，員工可以自由且秘密地前去應聘，上司無權阻止。另外，每隔兩年就讓員工調換一次工作，讓那些精力旺盛、幹勁十足的人才有發揮的空間，不是讓他們被動地等待工作，而是主動給他們施展才能的機會。

在新力公司實行內部招聘制度後，有能力的人才大都能找到自己較中意的崗位，人力資源部門也可以發現那些「流出」人才的上司存在的問題，以便及時採取對策進行補救。

身為領導者，就是因為某方面的能力比屬下強，才會變成上司。因此，底下的人若做得不好，應該給予的是協助，而非指責。

除此之外，必須擁有更冷靜的頭腦、更大的心胸、更廣的眼界，接納部下的建議，如此不僅使屬下的才華得以發揮，自己也能從中成長。

盛田昭夫正是了解這個道理，知道「人的資質是無限的」，只要能活用這些人才，就能爲公司帶來助力，使得新力公司發展至今日這個規模。

我們都必須學習當個優秀的領導者，即使沒有機會帶領別人，也要能當自己的伯樂，發覺自己的強項，努力發揚光大。

5. PART

自由的心靈
可以排解一切困境

就算生活在這個身不由己的社會，
也別放棄心靈自由的權利，
讓自己完全屬於自己，
別讓心靈也關進社會的大牢籠裡。

只要相信，就能改變命運

厄運是否會變成好運很難斷言，一切只能決定於你是否相信好運會到來。因此，想要改變命運，最重要的是改變自己。

有人趕著出門，走到一半想起忘了帶一份重要文件而返家，原本正在咒罵，後來竟發現瓦斯爐忘記關火，才阻止了一場火災。也有人因爲考試失利，不得已投身職場，卻意外找到適合自己的工作。

當這些不如意的情況發生時，剛開始都會懊惱萬分，怪天、怨地、氣自己。可是在之後好運降臨時，卻又大呼一口氣：「眞是幸運！」

看似厄運降臨，有時反而是延遲的喜悅，就看自己如何看待。凡事往好處想，命運就有機會轉變。

在一次火災事故中，消防員從燒毀的大樓裡救出一對孿生兄弟，波恩和嘉林，他們是這次火災中唯一活下來的兩個人。

兄弟倆被送往當地一家大醫院，在醫生的急救下，兩人雖然死裡逃生，但大火已把他們倆燒得面目全非。

「原本是那麼帥的兩個小伙子，如今卻……」大家都不禁為兄弟倆的不幸遭遇深深感到惋惜。

波恩從死神手中醒來後，無法接受自己變成如此人不像人鬼不像鬼的模樣，整天對著醫生唉聲嘆氣：「這個樣子以後要怎麼出去見人？根本就找不到工作，更不用說養活自己了。」波恩對生活失去信心，總是自暴自棄地說：「與其痛苦活著，還不如死了算了。」

嘉林樂觀地勸導波恩：「這次大火只有我們得救了，是如此幸運，這條撿回來生命是如此的珍貴，今後得讓自己活得更有意義才行。」

兄弟倆出院後，波恩終於受不了別人對他的指指點點，偷偷服了安眠藥離開人世。嘉林雖然難過，卻努力地生存了下來，無論遇到多大的冷嘲熱諷，都咬緊牙關熬了過來，一次次提醒自己：「我生命的價值比誰都高貴。」

有一天，嘉林像往常一樣送貨到加州。當時天空下著雨，路面很滑，嘉林車也開得特別慢。突然，嘉林發現不遠處的一座橋上站著一個年輕人，舉止非常奇怪，趕緊煞車看個究竟，就在他正要靠近時，年輕人卻轉身跳入河裡。

嘉林嚇了一跳，也跟著跳進河裡，好不容易才把年輕人拉上岸，沒想到他趁嘉林沒注意，又投進河裡。就這樣連續跳了三次，直到嘉林自己也差點被大水吞沒，年輕人才放棄這樣的舉動。

嘉林救的這位年輕人是個億萬富翁，第三次被救起時，終於想通了。他不但佩服嘉林的勇氣，而且深受感動，邀請嘉林加入自己的公司。嘉林從一個積蓄不足十萬元的司機，成爲一個擁有三點二億元資產運輸公司的負責人。

幾年後醫術發達了，嘉林便用賺來的錢修整好自己的容貌。

一對孿生兄弟，同樣遭遇火災，幸運獲救，再一起面對毀容的傷痛，可是最後結果，卻是兩種完全不同的命運。

嘉林珍惜生命，努力求生存，幸運之神終於眷顧他，讓他有機會遇到生命的轉機，整修自己的面容。反觀波恩，卻捨棄好不容易撿回來的一條命，自己投入死神的懷抱。

相信會有好結果，就會有好結果。厄運是否會變成好運很難斷言，好運要多久之後才會來臨也沒人知道。可能幾天、幾個月，甚至好幾年。一切只能決定於你是否相信好運會到來。

因此，想要改變命運，最重要的是改變自己。

有正面的思想就不會被環境影響

真正困擾我們的，並不是那些糟糕的情況，只要能改變想法，就能改變感覺，繁瑣的事情便不能影響自己的心情。

當我們心情愉快時，看到任何事情都會覺得很愉快。踩到狗大便，也會安慰自己今天一定會很幸運，得趕緊去買一張樂透；坐公車搶不到位置，就當作敬老尊賢，順便減肥；被路過車子濺起的水花潑濕，就當遇水則發。

可是心情不好，就算另一半帶著討好的面容站在你面前，也會覺得他看起來很討人厭，幹嘛那麼嘻皮笑臉。

想法影響感覺，能控制自己的想法，就能掌握自己的感覺。

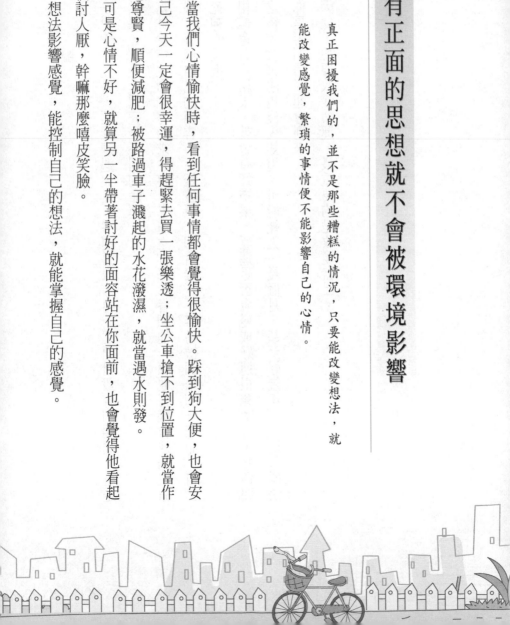

一位九十二歲高齡的老太太，在小她幾歲的丈夫去世不久後，不得不搬離兩人的家，住進養老院安享晚年。她每天都非常早起，在五點鐘前穿戴完畢，並將頭髮梳成時髦的樣式，就連臉上的妝也毫不馬虎，仔細做好每一道程序。然而，實際上她早已雙目失明。

在她正式搬入養老院那天，在大廳等候了數小時。直到有人告訴她，房間已準備就緒時，原本平靜的表情，剎那間露出甜美的笑容。她操縱輪椅緩緩進入電梯，隨著護士小姐的引導走向房間。一路上，護士小姐對她那小小的房間進行一番仔細的描述，包括掛在窗戶上那鑲有小圓孔的窗簾。

「我很喜歡！」她說道，流露出的神情就和孩子得到一隻小狗一樣歡喜。

「瓊斯夫人，您還沒有看到您的房間呢。」護士小姐輕聲地告訴她。

「這和看不看沒有什麼關係，」她回答：「快樂是你事先決定好的。我喜歡或不喜歡我的房間並不取決於家具如何安排，而在於我怎樣安排自己的想法。

我已經決定喜歡它了！」

有一個愛狗人士曾經說：「以前的我非常討厭狗，只要看到牠們，我就渾身不自在，恨不得把牠們趕得遠遠的。有一天，當我決定要好好愛牠們時，牠們突然變得很可愛，每一隻看起來都非常友善。」

每天起床時，我們有機會決定要用什麼樣的心情來面對今天。「好討厭喔，又要開始忙碌了」，或者「又是新的開始，我要好好努力」的想法，都能影響一整天的心情和感覺。

瓊斯夫人選擇了後者。就算失去丈夫，離開甜蜜的家進入養老院，她也選擇好好度過餘生，喜歡自己即將進入的環境，而不是感傷晚年，用淒涼的心情迫不得已接受。眞正困擾我們的，並不是那些糟糕的情況，而是用何種觀點看待。把它想成好事，就會成爲好事。

只要能改變想法，就能改變感覺，繁瑣的事情便不能影響自己的心情。

發展特質，別被社會框架限制住

若是一個人的特質沒有環境可以成長、發揮，就像把腳塞進不合尺寸的鞋子裡，即使能走路，卻沒辦法跑步。

有一個唸理工科的大男孩，對課本上的知識一點興趣也沒有，平常只愛拿著針線東縫西縫。

他永遠搞不懂那些公式，卻可以設計出一套套漂亮的洋娃娃服飾。

有一年，他將自己的作品拿去展覽，正巧被世界知名的芭比娃娃公司負責人看見，非常欣賞他的才華。在他畢業之前，就被高薪聘請到美國芭比娃娃公司服飾設計部門工作。

每個人都有最適合自己做的事，自然地朝那個方向前進吧！每個人在世界上最大的成就，就是好好「做自己」，對什麼感興趣，就去做什麼。

有一個孩子在學校的功課非常差，所有老師都認爲他的智力有問題。這孩子平日沉默寡言，常常一個人長時間坐在屋前的花園裡看著花草和小蟲。他的父親不時教訓他：「除了打獵、養狗、捉老鼠以外，你什麼都不會。將來你將一事無成，也會成爲整個家族的恥辱。」

他的姊姊也看不起這個課業成績不好、行爲怪異的弟弟。在整個家庭中，他是一個不受歡迎的人。

但是，他的母親愛他，心裡總是想著，如果孩子沒有那些樂趣，不知道他的生活還會有什麼色彩。

她常對丈夫說：「你不該用這種態度對他，應該讓他慢慢學會改變。」丈夫卻說：「妳這根本不是教育，會毀了他的一生。」但母親的想法並未動搖，她覺得孩子需要她的安慰和鼓勵。

她支持孩子到花園去，並讓姊姊也跟去。母親對孩子們說：「讓我們來場比賽，看看誰能先從花瓣上認出這是什麼花來！」

那孩子果然比姊姊答得快，這對他來說，是多麼令人興奮的一件事。他開始整天研究花園的植物、昆蟲，甚至觀察到蝴蝶翅膀上的斑點數量。

這位醉心於花草之中的孩子，多年後成為世界知名的生物學家，創立了著名的「進化論」，他就是達爾文。

有人說，人生就是不斷選擇的歷程，抉擇決定了每個人的人生。

如果抉擇是無可避免的，那麼走在人生的十字路口，最應該做的一件事，無疑是平心靜氣地思索自己究竟對什麼最感興趣，又擁有什麼特質，如此才能從迷惑中找到全新的出路。

很多人在成長的過程中，往往因為父母的期許、社會的價值觀，被硬性套上某種「公式」，讓自己踏上某位成功者的後路。這樣的結果，或許會造出「翻版」人物，卻可能失去偉大人物。

若是一個人的特質沒有環境可以成長、發揮，就像把腳塞進不合尺寸的鞋子裡，即使能走路，卻沒辦法跑步。

孩子並不是父母願望的實現者，也不是他人的改良版。只要讓他「當自己」，才能眞正發揮他的本質。

同樣的，我們也不該把自己套入社會的「公式」裡，別忽視自己感興趣的事，說不定能從中發現自己的另一項才能。

越是在意，越容易遇到阻力

別讓自己的生活重心放在沒有意義、自添煩惱的事物上，把這種力量用在好的地方，反而會成為一種助力。

看完恐怖片的夜晚，有些人就像平常一樣呼呼大睡，有些人則會害怕到整晚開著大燈，無法入眠。

在後者的腦海中，不斷回憶電影片段，每一個恐怖的場景，一次又一次重播，也一次又一次的嚇自己。

你的注意力放在哪裡，那些被注意的焦點就會放大。要將注意力擺在正面或負面，就得靠個人的智慧來選擇了。

有一位年輕的汽車業務經理，有著人人羨慕的光明前途，可是心裡卻非常消沉。他總認爲自己快要死了，甚至還選購一塊墓地，爲自己的葬禮做好一切準備。家庭醫生勸他多休息，輕鬆過生活，暫時離開熱愛的銷售汽車事業。

這位經理在家裡休息了一段時間，但是恐懼仍在，心裡還是不安。他的呼吸變得更加急促，心跳得更快，喉嚨仍然時常梗塞。

醫生勸他到科羅拉多州度假。

科羅拉多州雖然有壯麗的高山、新鮮的空氣，但仍無法阻止這位經理陷入無盡的恐懼中。一週後，他回到家中，覺得死神即將降臨取走他的性命。

「打消你的猜疑！」一位老朋友告訴這位經理：「不如到明尼蘇達州羅契斯特市，一間名叫梅歐的診所。在那裡，你可以徹底弄清病情。這樣做對你沒有任何損失，立即行動吧！」

按照建議，他到了羅契斯特市。一路上，經理都非常害怕自己會死於途中。梅歐診所的醫生爲他做了全面檢查。結果出來後，醫生告訴他：「你會不舒服是因爲吸進過多的氧氣。」

經理這才放心，笑了起來：「竟然是這樣，我眞是太愚蠢了！那該怎麼治療這種狀況呢？」

醫生說：「當你感覺呼吸困難、心跳加快時，可以向一個紙袋裡呼氣，或者暫時屏住氣息。」

醫生遞給經理一個紙袋，他照吩咐做後，心跳和呼吸果然變得正常，喉嚨也不再梗塞了。當他離開時，已經是個愉快的正常人了。

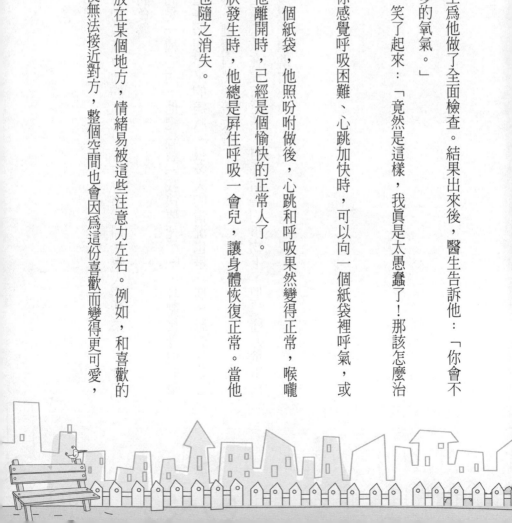

此後，每當症狀發生時，他總是屏住呼吸一會兒，讓身體恢復正常。當他不再恐懼時，症狀也隨之消失。

當你把注意力放在某個地方，情緒易被這些注意力左右。例如，和喜歡的人同處一室時，即使無法接近對方，整個空間也會因爲這份喜歡而變得更可愛，任何事看起來也會順眼多了。

相反的，將注意力放在負面的事物上，也會造成同樣驚人的效果，更會在無形中，增加身心的負擔。

其實，經理得的是一種心病，他總想著「我快要死了」，身體接受他的暗示後，也跟著出現這些假想出來的病狀。很多人的情況也是一樣，患的都是心病，一旦解除了心病，健康自然跟著改善。

別讓自己的生活重心放在沒有意義、自添煩惱的事物上，把這種力量用在好的地方，反而會成為一種助力。

自由的心靈可以排解一切困境

就算生活在這個身不由己的社會，也別放棄心靈自由的權利，讓自己完全屬於自己，別讓心靈也關進社會的大牢籠裡。

回憶自己過去一個禮拜做了什麼？起床、上下班、看電視，休息……，似固定、規律的生活，你覺得自己在什麼時候最幸福？

如果回答不出來，可能就要小心，必須好好審視自己的生活了。因爲工作忙碌沒有自己空間，或者不懂得規劃時間，讓自己的日子一成不變的人，都是失去生活的人。

仔細想想，除了溫飽之外，你可曾爲自己做了什麼？

索爾．貝洛十二歲時住在南卡羅來納州，常常抓一些野生動物放到籠子裡飼養。直到某件事發生後，徹底改變他的想法。

他家在樹林附近，每當黃昏日落之時，就有一群美洲畫眉鳥來到林間歇息和歌唱。那歌聲美妙絕倫，沒有一件人間樂器能奏出那麼優美的曲調來。沉醉於歌聲中的索爾心裡暗暗做了個決定，他一定要捕獲到一隻小畫眉，放到籠子裡，讓牠為自己歌唱。

有一天，他終於抓到了。一開始小畫眉先是拼命拍打翅膀，在籠中飛來撲去，十分恐懼。過了好一陣子，牠才慢慢安靜下來，承認了這個新家。索爾站在籠子前，聆聽這個小音樂家美妙的歌唱，感到非常滿足。

第二天，他把鳥籠放到自家後院。突然，小畫眉的媽媽出現了，在籠子附近繞了幾圈，又離開，過沒多久，母鳥口含著食物飛到籠子前面，慈愛地讓小畫眉把食物一口一口地吞嚥下去。索爾認為畫眉媽媽這樣做，比自己餵小畫眉好得多，這是件皆大歡喜的好事。

第二天早晨，索爾去探看他的小畫眉在做什麼，卻發現牠無聲無息地躺在籠子底層，已經氣絕多時。他對此迷惑不解，不知發生了什麼事。他想，他的小鳥不是已經得到精心照料了嗎？

那時，正逢著名的鳥類學家阿瑟．威利來看望索爾的父親，索爾就把小畫眉的事告訴了他。阿瑟．威利聽了之後，解釋道：「當一隻雌美洲畫眉發現牠的孩子被關進籠子，必定會餵小畫眉足以致死的種子。牠似乎堅信，孩子死了總比活著做囚徒要好些。」

從此以後，索爾再也不捕捉任何動物關進籠子裡，開始懂得任何動物都有追求自由生活的權利。

每個生命都有追求自由的權利，連母鳥都懂得自由的可貴，那麼人呢？

就算生活在這個身不由己的社會，也別放棄心靈自由的權利。

你可以在責任之外，理直氣壯地要求自己的空間和時間，拒絕那些不必要的困擾，讓自己完全屬於自己，決定自己想做什麼、該做什麼、要做什麼。別讓心靈也關進社會的大牢籠裡。

如果人不能爲自己做點喜歡的事，讓人生多點色彩，雖擁有人身自由，卻失去心靈自由，跟被關在籠裡的動物又有何差別呢？

曾經看過一部電影，描述監獄裡的囚犯爲了感覺那短短幾分鐘的自由，願意付出極大的代價，即使那時他們仍然關在牢裡，心靈卻是被釋放的。

爲了自己，趕快找回屬於自己的心靈自由吧！只要心是自由的，遇到一切困境都能微笑以待。

與其報復，不如祝福

原諒一個人並不容易，但是不原諒一個人，卻會為自己帶來更大的傷害。面對情感上的困境，唯有放手能為自己帶來最大的救贖。

有個男孩因爲初戀對象劈腿，心靈深受打擊，重重受到創傷。從此以後，他再也不相信愛情，甚至帶著報復的心情看待感情。他依然談戀愛，只是不再眞心付出，就當成遊戲一場。他擁有很多段短暫的戀情，也可以同時進行，不管對象是好是壞，眞心與否，他都不在意。

看著本性善良、條件又好的他，卻這樣糟蹋自己和別人，常常會爲他感到惋惜。無法原諒、無法放下，讓他無法珍惜、擁有身邊的「有情人」！

原諒別人，其實是救了自己。

一個陽光明媚的早晨，格蘭正整理著禮品店裡各式各樣的禮品和鮮花時，一位年輕人走了進來。他臉色陰沉，瀏覽店裡的禮品和鮮花，最後將視線停在一個精緻的水晶烏龜上。

「先生，請問您想買這件禮品嗎？」格蘭親切地問。

年輕人眼神冰冷地點頭，開口問：「這要多少錢？」

「五十美元。」格蘭回答道。

年輕人聽完，毫不猶豫掏出五十美元甩在櫥窗上。格蘭感到很奇怪，從禮品店開業以來，還沒遇過這麼豪爽、慷慨的買主呢！「先生，您想將這個禮品送給誰呢？」格蘭試探地問了一句。

「送給我的新娘，我們明天就要結婚了。」年輕人冷漠回答。

格蘭愣了一下，心想要送一隻烏龜給自己的新娘，豈不是在婚姻上安了一

顆定時炸彈？格蘭沉重地想了一會，對年輕人說：「先生這件禮品一定要好好包裝，才能爲新娘帶來更大的驚喜。可是現在沒有合適的盒子，請明天再來取好嗎？我一定會盡快爲您趕製一個漂亮的禮品盒！」

「謝謝！」年輕人說完轉身就走。

第二天清晨，年輕人很早就來到禮品店，取走格蘭爲他趕製的精緻禮品盒。他走進結婚禮堂，快步跑到新娘跟前，雙手將禮品盒交給新娘，然後迅速地轉身跑開，淚水從他臉上流下，因爲新郎不是他。回到家後，他開始後悔自己的舉動，並害怕接到新娘憤怒與責怪的電話。

傍晚，新娘打來了，開口就說：「謝謝你，謝謝你送我這樣好的禮物！謝謝你終於接受這件事，也能原諒我……」電話一頭高興且感激地說著。

年輕人疑惑萬分，可是什麼也沒說。掛斷電話後，跑到格蘭的禮品店，一推開門，他驚訝地發現，那隻精緻的水晶烏龜依舊靜靜躺在櫥窗裡！

明白一切後，年輕人望向格蘭，格蘭平靜地對年輕人微笑。年輕人冰冷的面孔終於在這瞬間軟化，帶著感激與尊敬的神色對格蘭說：「謝謝妳！我懂得了諒解別人的眞正意義，讓我又重新找回了我自己。」

原來，格蘭將水晶烏龜換成一對代表幸福和快樂的鴛鴦。她沒想到這個簡單的舉動，能在短短時間內，徹底融化一顆冰冷的心。

原諒一個人並不容易，但是不原諒一個人，卻會爲自己帶來更大的傷害。我們總以爲報復、責怪、羞辱一個人，能讓自己好過一點。殊不知，當我們做這件事時，就是再一次回憶當初被傷害的感覺。

只是這麼做，心靈不但沒有因爲報復而得到快感，在反撲之後，反而會加倍回到自己身上。痛恨對方的情緒，只會成爲自己更沉重的負擔。

有時候，最難以原諒的人，往往就是你最該放手的人，別讓自己被他抓住了！面對情感上的困境，唯有放手與原諒，能爲自己帶來最大的救贖。

每一天都要把握，才算真正活過

沒有人知道自己能活多久，會不會下一刻就離開人世。唯有好好把握每一天，才算擁有生命，才算真正活過。

有一則笑話是這樣的：

教授在某次上課問學生：「如果你只剩下三天可活，你想做什麼？」

正當很多同學竊竊私語、彼此討論時，一個學生勇敢舉起手來發言：「我想繼續上您的課。」

教授聽了非常感動，問他爲什麼。學生正經八百答道：「因爲上您的課，會讓我有度日如年的感覺。」

在哈哈大笑之餘，你是否也曾想過這個問題：「當生命只剩短短幾天可活之時，我想做什麼？」

某位知名作家有一個做證券生意的朋友，每天都在外奔波，很難見上一面，只能藉著電話聯絡彼此。

有一天晚上，這個朋友打電話給作家，兩人天南地北地聊起天來。

朋友突然問作家：「如果只要花一塊錢，就可以買到你哪一天會死去的訊息，你買不買？」

作家想了想，肯定地回答：「我不買。」

朋友問道：「爲什麼？」

作家答道：「人生最大的痛苦莫過於知道自己哪天會死，並等待著那一天的來臨。我認爲，最好的死亡方式是讓死亡突然間來臨，人們還來不及思考什麼時，生命就突然終止。」

朋友沉默片刻，電話那端卻有不同的感想，他輕聲說：「可是，我買。」

作家好奇地問：「爲什麼？」

朋友回答：「如果死亡眞的突然來臨了，許多想做的事和最喜歡做的事還沒完成，我會很遺憾，不想把它們帶進墳墓裡。不過，我也不需要太早知道，提前十天讓我知道就行了。」

作家問道：「那麼你想怎麼去用這十天呢？」

朋友答道：「五天的時間給我的家人，好好陪他們。整天忙著開會、簽約，一年難得回家幾次，我覺得對妻子和女兒很愧歉。我曾答應她們，等公司業務穩定了，就陪她們去歐洲度假。可是公司的業務一直在發展，結果一拖再拖，始終未能實現承諾。剩下的五天則給我自己，做一些平常想做，卻沒時間做的事，比如，開著車去嚮往已久的地方散心。」朋友的聲音有些輕顫。

作家聽完笑說：「這些事並不難，爲何不現在就擠出一點時間去做呢？」

朋友嘆了口氣：「現在眞的很忙，沒有時間啊！」說完停頓了一下，又加了一句：「或許我不應該等那最後的十天來臨，才去做那些事！」

想讓生活過得更幸福、更積極，就必須鞭策自己採取行動，以實際的做法讓每一天都是生命中的傑作。

有些人總是以「沒時間」、「以後再說」爲藉口，讓許多計劃隨著時間付諸流水。這些持著冠冕堂皇理由的人，眞的有時間時，會去做那些事嗎？或者，那只是掩飾自己惰性的藉口呢？

英國詩人撒姆爾．約翰生曾說：「人生短暫，已不容許再浪費時間。」

沒有人知道自己能活多久，會不會下一刻就離開人世。唯有好好把握每一天，才算擁有生命，才算眞正活過。

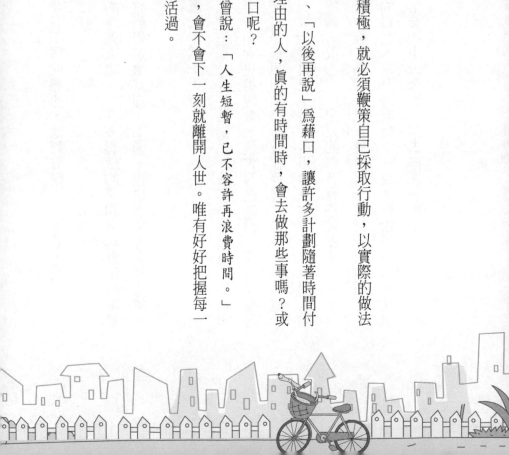

把握時間，就不會一再拖延

寫下「該做的事」，是給自己的提醒和警惕，告訴自己何時該完成什麼事。這樣不但可以妥善安排時間，還能提升工作效率。

同樣的時間裡，有人能同時完成多件事情，有人卻毫無收穫，可是他們看起來同樣的忙碌。

再觀察一下這兩種人到底在這段時間裡做了些什麼，就可以清楚地了解到，爲何有些人就是優於他人。

其中的差別就取決於對時間的規劃，以及對自己的約束力。

瑪麗．凱．艾絲創辦瑪麗．凱化妝品公司初期，聽過遇一則有關查爾斯．施瓦布（美國一家數一數二的鋼鐵公司總裁）的故事，對她造成很大影響。

故事始於一次總裁與顧問的交談：

一名企業管理顧問李對施瓦布說：「我可以提高你的員工工作效率。」

施瓦布問：「費用要多少？」

李說：「如果無效的話，免費。但如果有效，希望你能把公司因此省下費用的百分之一給我。」

施瓦布同意他的條件，接著問李該怎麼做。

「我需要與每一位高級主管面對面談十分鐘。」施瓦布答應了。

李開始與所有高級主管會面，告訴每一位主管：「在每天下班離開辦公室前，請寫下六件你今天尚未完成，但明天一早得做的事。」

主管們都答應這個要求。當他們開始實行這個計劃後，發現自己比以前更

專心了，因為有了這張表，他們會努力完成表上的事情。不久之後，公司的生產力有了顯著的改善。

因為效果驚人，幾個月後施瓦布就開了一張三萬五千美元的支票給李。

瑪麗．凱說：「當我聽到這個故事後，心想，如果這個方法對施瓦布而言值三萬五千美元，對我也會有同樣的價值。」

因此，她開始執行這個方法，在每天下班前寫下六件明天要做的重要事情，也鼓勵業務員這麼做。

後來的瑪麗．凱化妝品公司擁有二十多萬業務員，印製上百萬份粉紅色小便條本，每一張便條紙上寫的都是：「我明天必須做的六件重要事項。」

常以沒時間為藉口的人，即使有時間也不會把握。

對忙碌的現代人來說，更有效率地利用時間，是最基本的原則。可是，人都有惰性，總會替自己找一堆理由拖延，使得自己總感覺處於忙碌的狀態之中，卻沒有發揮應有的成果。

很多時候，事情沒有完成並非能力不足或是時間不夠，只是不夠認眞，甚至以敷衍的態度做事。

這樣的執行度和完成度，自然不高，也不會有好成效。

寫下「該做的事」，是給自己的一種提醒和警惕，告訴自己何時該完成什麼事。這樣的方式不但可以妥善安排時間，還能提升工作效率，並讓自己有多餘的休閒時間。

6. PART

只要不放棄，所有的苦難都會過去

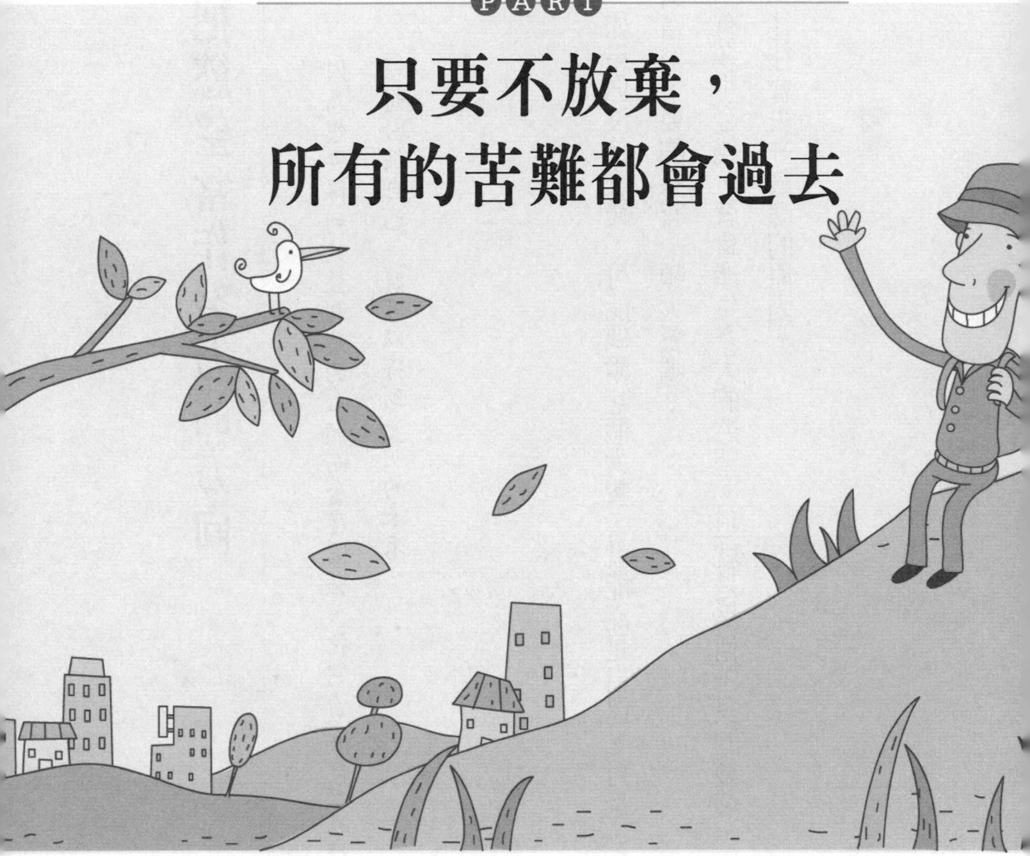

如果低頭認輸，
只會讓自己永遠成為生命中的逃兵。
別再害怕，別再猶豫，如果「一切都會過去」，
還有什麼大不了的事情嗎？

把慾望當作努力的方向

因為想要得到某種利慾的心願而奮發圖強，把它當成一種目標和理想督促自己，就可以得到光明的未來。

如果你沒什麼錢，可能偶爾吃個大餐，就能滿足自己。可是，如果你是個億萬富翁，要的只有一頓大餐嗎？

有多少金錢，就會產生多大的慾望。這就是爲何善良的靈魂，在一夕致富後，往往會失去靈魂的原因。

有一位心理學教授帶領學生在街頭就人們對金錢的慾望進行調查。看到向過往行人要錢的乞丐，設定他爲調查對象。說明來意，談好報酬後，他們對乞丐提出明確要求：對提出的問題要確實回答，心裡怎麼想，嘴上就怎麼答，如果斷定出說假話，將酌情從報酬中扣除。

教授問的第一個問題是：「如果你現在有十塊錢，你最想做的是什麼？」

乞丐立即回答：「我會先到速食店買一隻烤雞，兩瓶啤酒，再找個安靜的角落痛快享用，然後在涼爽微風中睡個覺。」

「如果你現在有一百元呢？」教授接著問。

乞丐答道：「買上兩隻烤雞，三瓶啤酒，把在地鐵口要錢的朋友叫來，好好吃上一頓。然後找間旅館，痛痛快快地洗個澡，再好好睡上一覺。」

「如果你現在有一千元呢？」

乞丐一楞，接著很難爲情地答：「從小到大，我從來沒有一千元過。」

教授很嚴肅地說：「現在是假設，讓你說的是假設。」

「那我會去買一套好衣服，像你們一樣體面地走在大街上，四處逛逛、看看風景，不再睡街頭看人臉色。」乞丐很心酸地回答。

「如果現在你有一萬元呢？」教授急切地問他。

乞丐一聽精神大振，挺起胸膛高興地回答：「我會馬上回老家，蓋棟新房子，買一塊好地，春夏種種莊稼，冬天打打麻將。」

「如果現在你有十萬元呢？」教授急切地問他。

乞丐微微一楞，幸福頓時溢滿臉龐，喜孜孜走到教授身邊，悄悄地說：「和城裡的有錢人一樣，穿金戴銀，住別墅，開小車，帶著美人兒到歌廳唱唱歌。只要天下有什麼樂事，我都想嘗試。」

教授和學生們給了乞丐一百元作爲報酬。可是乞丐拿到錢後，並沒像他所說的立即奔向速食店，而是笑瞇瞇地看著教授，彷彿在問：「還有什麼問題？還會給多少錢？」

這是一則有趣的實驗，眞實呈現出，人們的慾望會因爲「財富」而轉變。

就好像以下這個寓言。

撒旦想要讓一個善良的靈魂變邪惡，成爲自己的手下。他用盡各種方法，花了很長的時間折磨這個善良的靈魂，可是一點效果也沒有。這時候，某個在人間遊蕩的小鬼告訴撒旦一個秘訣：「你只要給他很多錢，讓他成爲大富翁，不久他的靈魂就是你的了。」

接受小鬼的提議後，沒幾個月，撒旦果然得到這個靈魂。

有人說：「利慾會使一種人蒙蔽雙眼，卻會驅使另一種人去開拓光明的前程。」然而，換個角度想，假設人們的行爲眞的可以因爲某種慾望受到驅使，這不也是一種成功的推手？

因爲想要得到某種利慾的心願而奮發圖強，把它當成一種目標和理想督促自己，就可以得到光明的未來。

反之，若因此利慾薰心，爲非作歹，那麼等在前面的只有失敗。

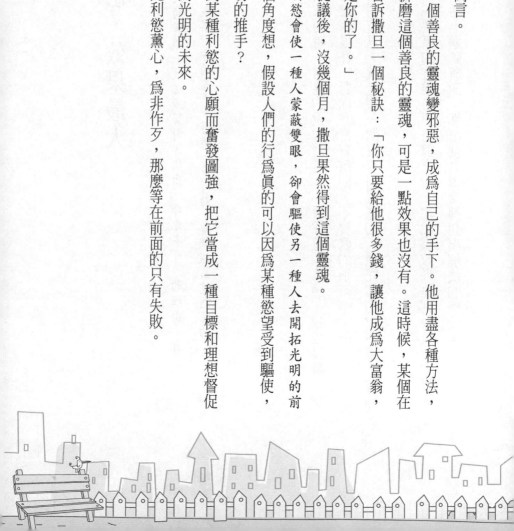

用對方法，效果最大

要受到他人的賞識，就必須幫對方找出「非你不可」的理由。有敏銳眼光，觀察對方的需求，再進一步行動，就能輕易達到目的。

推銷員在推銷東西時，常見的說辭就是：「賣你這個東西，我也沒賺多少錢。最主要是這個東西很好，對你非常有幫助，不買眞的很可惜。」

推銷東西的最高境界，就是讓一個沒有購買慾的人聽完你的說明後，會興起非買不可的念頭。

人生也是如此，做事的時候必須用對方法，才能讓效果達到最大。如果你在事業、工作或生活上遇到瓶頸，那麼就必須冷靜想出解決的辦法。

冷靜是突破困境的最高智慧，可以讓自己頭腦清醒，不至於進退失據、患得患失；看看以下這個眞實故事，或許對你有所幫助。

美國費城西區有兩家敵對的商店，一家叫做紐約貿易商店，另一家叫美洲貿易商店。兩家店並列在一起，是只有一牆之隔的鄰居，老闆卻是死對頭，常常展開價格競爭之戰。

例如，紐約貿易商店的窗口上掛出「出售愛爾蘭亞麻被單，被單質料上乘、完美無缺，價格低廉，每床七美元」時，美洲貿易商店的窗口就會出現「人們應該睜大眼睛，本店床單世界一流，定價只要六美元」。

他們經常爲了彼此降價競爭而走出商店，站在門口互相咒罵，有時甚至大打出手。最後總會有一個從競爭中自動退出，大罵另一個老闆是個瘋子，在他店裡買東西的顧客也是瘋子。

人們看完好戲後，紛紛跑到競爭獲勝的商店，高興地買空所有商品。在這一帶，由於他們的競爭，顧客得以買到各式各樣物美價廉的東西。

有一天，其中一位老闆去世了。幾天以後，另一位老闆開始停業清倉，低價賣出所有貨品。不久之後，他搬了家，人們再也沒有看見他。

大家都搞不懂爲什麼會這樣，直到房子的新主人進行大清掃時，才發現其中的秘密。在這兩位老闆的房子之間有一個秘密通道，能夠通往商店上面同一個房間。後來經過進一步調查，才發現這兩位老闆竟是親兄弟。

原來一切的咒罵、恐嚇和人身攻擊，都是在演戲，所有的價格競爭也是騙人的。只要誰獲得勝利，誰就把兩人的商品一起賣出去。

就這樣，他們的騙局維持了三十多年，始終未被人們發覺，直到其中一人死後才眞相大白。

美國保險界的名人法蘭克·貝特佳曾說：「人之所以購買東西，有兩種動機，一是追求利益，一是對損失的恐懼心。」

確實如此，只要讓客人覺得買下這個東西，有那麼多的好處，不買白不買，通常他們都會乖乖掏出腰包來。

這兩家老闆利用的，就是人們貪小便宜的弱點，引發人們興起一股「不管所買的東西是否需要，先買再說」的心理。

推銷是一門學問，不僅僅用在販賣物品上，還可以用於人生處世上。

要讓自己受到他人的賞識，就必須幫對方找出「非你不可」的理由。要做到這一點，除了培養自己的能力外，還得有敏銳眼光，觀察對方的需求，再進一步行動，就能輕易達到目的。

信任，才是最長遠的利潤

生意唯有建立在相互信賴的關係上，才能長久維持，只有公正地對待你的客戶，收取合理的利潤，才是真正的經營之道。

住家附近新開了一家自助餐店，吃了幾次後，就不再前去消費。並非菜色不好、衛生不當，而是「價錢算法」出了問題。

幾次觀察下來，發現老闆算錢並沒有一定的標準，而是隨自己的喜好喊價。他看準一些客人不會斤斤計較，算錢時就獅子大開口。同樣菜色，在會「問價」的客人盤裡，價錢自然也「正常」許多。

「低價買入，高價賣出」是許多生意人公認的賺錢之道，但是，消費者並不是一隻隻笨笨待宰的肥羊。必須記住，信任才是最長遠的利潤。

一群印第安人圍住鎮上一家新開的店舖，只看不買。因爲好幾次被「白人」欺騙的經驗，他們對白人老闆抱著懷疑的態度。當地的印第安酋長聞聲而來，走進店裡看了看，對店主約翰說：「把你的貨物拿來瞧瞧。嗯，我要給自己買一條毯子，給我的妻子買一塊印花布。」

挑完貨物後，酋長和約翰開始議價，他們說好毯子需要付三塊貂皮，印花布則付一塊貂皮。酋長表示明天再將貂皮帶來交換，就空手回去了。

第二天，酋長背著一個大布袋走進商店，裡面裝的全是貂皮。他將袋子裡的貂皮統統倒在櫃檯上，抽出四塊遞給約翰。稍稍猶豫了一會兒，又抽出第五塊，這是一塊特別珍貴、特別稀有的貂皮，他把它和先前四塊貂皮放在一起。

「已經夠了，」約翰把第五塊貂皮推回去：「你只要給我四塊貂皮，我們昨天就講好了，我只收下我應得的。」

他們爲了該付四塊、五塊貂皮的事推讓了半天。終於，酋長的臉上露出了滿意的神色，把第五塊貂皮放回包袱裡，看了看店主，然後跨出門去。

他走出店家後，就朝著在外面等待的族人喊道：「來吧，來吧，跟他做買賣吧！他不會欺騙我們印第安人的，他不是個貪心的人。」

說罷，酋長又轉身對約翰說：「如果你剛才收下最後一塊貂皮的話，我就會叫他們不要跟你打交道，我們還會趕走其他顧客。但是現在，你已經是我們印第安人的朋友了。」

天黑之前，這家店鋪就堆滿了毛皮，店主約翰的抽屜裡也塞滿了現金。後來，店主成了一個百萬富翁。

有個原住民笑話是這樣講的：「傳教士將聖經交給我們，要我們低頭禱告。當我們再度抬起頭時，擁有了上帝，他們的口袋則有了我們的土地。」

早期擁有權勢的人利用武力或者欺騙的手法，掠奪、侵佔弱勢族群的財產，歷史上時有所聞。即使是進步的現代社會，類似的事件還是不斷發生，只不過換個面貌，在日常生活中存在。

印第安人雖然不一定知道「貂皮」和「毛毯」的市價高低，但是他們能看出，商人是否有打著「吃定」對方的壞主意。故事中的酋長便藉著「試探」的手法，考驗商家的誠信。

有一句諺語是這樣說的：「好的顧客，過了三年也不會換店；好的店，過了三年也不會換顧客。」

生意唯有建立在相互信賴的關係上，才能長久維持，只有公正地對待你的客戶，收取合理的利潤，才是真正的經營之道。

考慮雙方利益，才能達到雙贏

在做一筆生意時，要考慮買賣雙方都能夠得到的利益。可以看出其中道理的人，才能在人生中成為最大贏家。

在觀光勝地，最常見就是黃色計程車穿梭的影子，和一個個賣力「叫客」的運匠大哥們。通常回程的車都較受歡迎，一來遊客玩了一天，累得不想再跟一堆人擠公車，二來，車資通常較便宜。

司機載客到觀光景點，不管如何都會想辦法到客源多的地點招攬客戶，既然都是一趟車程，若能順道載旅客，就是多賺一筆。因此，削價載客，就成爲一種附加價值。

買賣的原則，就是建立在互惠的原則上。客人選擇較公車昂貴的計程車，是因爲車資比平常划算，坐得又舒服，有賺到的感覺；司機看似虧本，其實也是賺了一筆回程油錢。這就是一筆兩頭雙贏的生意。

造成全球金融風暴的美國猶太銀行雷曼兄弟公司，原本是一家歷史悠久的老字號銀行，在二十世紀末期和二十一世紀初期，有著舉足輕重的地位。可是誰也沒想到，雷曼兄弟的父親只是一個平凡的牛販。

一八四四年，德國維爾茨堡一個牛販的兒子亨利．雷曼移民到了美國，是家族中移居美國的第一代。亨利．雷曼先在南方做了一段時間長途販運的行商之後，就與隨後移居美國的兩個弟弟伊曼紐爾和邁那一起在阿拉巴馬定居下來，成爲一個雜貨商。

棉花是阿拉巴馬最主要的農作物，也是大宗棉花的產區。農民手裡多的是棉花，但是常缺現錢，他們寧可用棉花交換日用雜貨，也不願拿出爲數不多的現金。許多雜貨商不願意使用這種交易方法，常常拒客戶於門外。

只有雷曼兄弟不同，他們對這種交易方式特別感興趣，積極鼓勵農民以棉花代替貨幣，恢復古老「以物易物」的習俗。也因此，雷曼兄弟的生意特別好，得到許多農民的光顧。

並非雷曼兄弟不懂得做生意的原理，他們只是清楚捉住客戶心理，利用這樣的方法搭配其他條件來做買賣。以棉花交換的買賣方式，不僅容易吸引那些手上沒有現金的顧客擴大銷售量，在以物易物並處於主動地位的情況下，也有利於操縱棉花的交易價格。

此外，經營日用雜貨本來就需要進貨運輸，趁空車進貨之際，順便把棉花送往外地販賣，不僅省下了一筆運輸費，還順道做一筆棉花買賣的生意。

這種經營方式，用雷曼家族自己的話來表述，叫做「一筆生意，兩頭盈利」，是他們歷久不變的經商之道。

就這樣，過沒有多久，雷曼兄弟便由雜貨商變成了經營大宗棉花交易的商人，棉花典當是他們的主要業務，後來更於一八八七年成爲果菜類農產品、棉花、油料代辦商。

雷曼兄弟也藉此走上了大規模發展的道路，成爲知名銀行的創辦人。

日本江戶末期的農業家二宮尊德說過：「所有買賣的設計，都是為了買、賣雙方高興；如果只是賣者高興，買者不高興，並非買賣之道。」過去，買賣被認爲以賣方爲主，只須考慮利潤。但是就買方而言，因爲這項商品而得到利益，才是買賣的眞意。

雷曼兄弟在艱辛的創業過程中，冷靜地看出「兩頭盈利」之道，既給農民「方便」，也從這項「方便」中，另外開闢棉花市場。若當初只有單純經營雜貨買賣，最多只能成爲有錢人，不可能成爲富翁。

在做一筆生意時，要考慮買賣雙方都能夠得到的利益，可以看出其中道理的人，才能在人生中成爲最大贏家。

失敗的價值比成功更可貴

別害怕失敗，它帶來的果實不亞於成功的價值。只要能從失敗中尋找成功的啟示，在挫折中成長，就能成為下一個贏家。

有些人走「狗屎運」，賺了十萬塊時，就沾沾自喜，以爲運用同樣的方法，就能財源滾滾而來，忘了每一個收穫都必須付出相同的努力，只有不斷求進步的態度，才能往目標邁進。

換個角度想，失敗的經驗也是同樣的寶貴。只要能冷靜地面對眼前的困境，只要能從失敗中記取教訓，檢討過後找出新的出路，就算損失一百萬，也能獲得十億元的啓示。

羅森沃德於一八六二年出生於德國一個猶太人家庭，少年時隨家人移居美國，定居在伊利諾州斯普林菲爾德市。

羅森沃德的家境並不好，為了維持生活，中學畢業後就到紐約的服裝店打工。他骨子裡有著猶太人艱苦奮鬥的精神，確信凡人都有出頭之日，只要選定目標，堅持不懈地往目標邁進，成功就會降臨。

「我要當一個服裝店老闆。」這是羅森沃德的奮鬥目標。為了實現這個目標，工作時他留心學習，注意時尚動態，也不斷蒐集商業知識，閱讀相關書刊，主動向學充實自己。

到了一八八四年，他認為自己小有經驗且存了一些本錢，決定自己開設服裝店。他的商店生意很差，經營了一年多，把多年辛苦積蓄的血汗錢全部賠光了，只好關門停業。之後，羅森沃德垂頭喪氣地離開紐約，回伊利諾州去。

羅森沃德反覆思考自己失敗的原因，找出了緣由：服裝是人們的生活必需品，但也是一種裝飾品，既要實用，又要新穎，才能滿足客戶的需求。他經營的服裝店，不但沒有自己的特色，也沒有任何新意，再加上商店未建立起商譽，沒有銷售管道，難怪會失敗。

針對自己出師不利的原因，羅森沃德決心改進，進入服裝設計學校學習，也一邊進行服裝市場考察，特別針對世界各國時裝進行研究。

一年後，他對服裝設計很有心得，對市場行情也看得較清楚，決定重振旗鼓。他向朋友借了幾百塊美元，先在芝加哥開設一間只有十多平方公尺的服裝加工區，除了展示他親自設計的新款服飾圖樣外，還可以根據顧客的需求對已定型的服飾改進，甚至完全照顧客的口述要求重新設計服飾。

因爲他的服裝設計款式多，新穎精美，再加上靈活經營，很快得到客戶的欣賞，生意十分興旺。兩年後，他把自己的服裝加工店擴大了數十倍，改爲服裝公司，大量生產各種時裝。

從此，他的財源廣進，聲名鵲起，成爲美國最大的百貨公司——西爾斯婁巴克公司的大股東，同時也躍爲美國二十世紀商界風雲人物。

每一位成功人士，都是經歷不少失敗和挫折，才走向成功之路。很多人都曾經踏上這條艱辛的路，可是遭遇困難的時候卻不能沉著冷靜地面對，因而未能走到終點的，仍佔多數。

失敗雖然讓人難過，但是若因此喪志，就成爲眞正的「失敗者」了！

別害怕失敗，它帶來的果實不亞於成功的價值。

任何事做過了，都會有回報，只要能從失敗中尋找成功的啓示，在挫折中成長，就能成爲下一個贏家。

遇到失敗挫折，不一定就是壞事，誠如日本商業界前輩原安三郎說的：「運用賺十萬塊的經驗，不見得能賺一億元，但損失一百萬元的經驗，卻能獲得賺十億元的啟示。」

只要不放棄，所有的苦難都會過去

如果低頭認輸，只會讓自己永遠成為生命中的逃兵。別再害怕、別再猶豫，如果「一切都會過去」，還有什麼大不了的事情嗎？

不管面對任何問題，只有「即使到了最後關頭，也絕不輕言放棄」的精神，才能面對一切挑戰。

如果一開始就喪失鬥志，後面就沒戲唱了。就像一個認定比賽已經輸定的運動員，腳步都已經放慢了，更不用期待奇蹟出現，反敗爲勝。

既然結果都一樣，第一名和最後一名都會跑到終點，何不在最後那段路程，用盡全力衝刺，不讓自己留下遺憾呢？

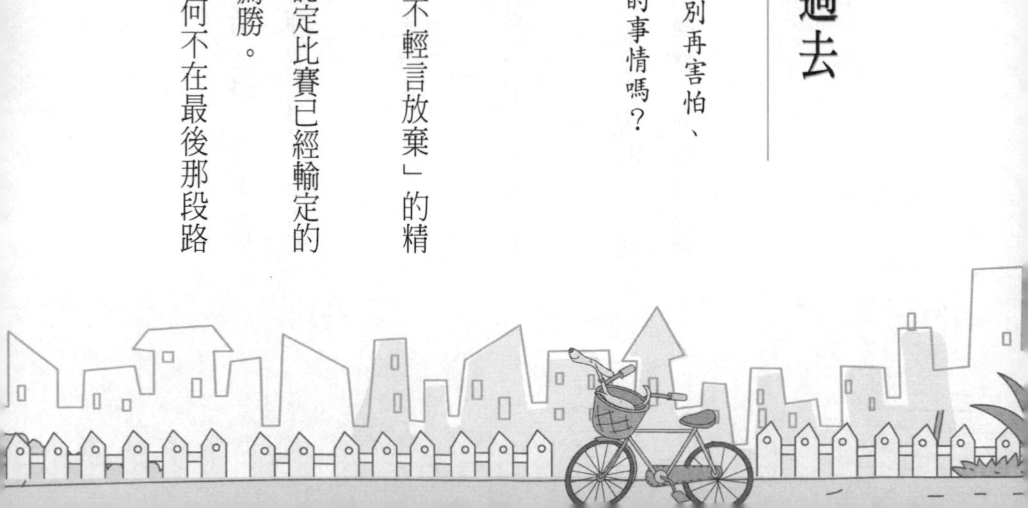

古希臘有一位國王擁有至高無上的權勢和享用不盡的榮華富貴，但並不快樂。他雖然可以主宰全國人民，卻無法操控自己的情緒，常常出現莫名其妙的焦慮和憂鬱，讓他悶悶不樂、寢食難安。

於是，他召來當時最負盛名的智者蘇菲，要求他找出一句人間最有哲理的箴言，這句話必須濃縮人生智慧，要有一語驚心的效果。蘇菲答應了國王，條件是國王必須將佩戴的那枚戒指交給他。

幾天後，蘇菲將戒指還給國王，再三告誡他，非到萬不得已，別輕易取出戒指上鑲嵌的寶石，否則就不靈驗了。

沒多久，鄰國大舉入侵，國王率部下拼死抵抗，但最後整個城邦還是淪陷於敵人手中，國王只好亡命天涯。

有一天，爲了逃避敵兵的搜捕，他藏身在河邊的茅草叢中，當他掬水解渴時，看到自己的倒影，不禁傷心欲絕。誰能相信這個蓬頭垢面、衣衫襤褸的人，是曾經氣宇軒昂、威風凜凜的國王呢？

就在他掩面哭泣，打算投河輕生之際看到了戒指，迫不及待挖下上面的寶石，只見裡面側刻著一句話：「一切都會過去！」

頓時，國王的心頭重新燃起希望的火花。

從那刻起，他忍辱負重、臥薪嚐膽，重整舊部屬，等待東山再起。最後終於趕走外敵，贏回了王國。

當他再一次返回王宮，做的第一件事便是將「一切都會過去」這句六字箴言，刻在象徵王位的寶座上。

後來，他被譽爲最有智慧的國王，名留青史。

人生是快樂或痛苦，關鍵就在看待生活的態度，只要學會輕鬆、正面地對待，就可以讓自己的人生更加精采。生命中的失敗、挫折，人際間的摩擦、齟齬，都只是一時，如果你選擇面帶微笑，就能替自己創造更開闊的道路。

人會絕望，是因爲失去挑戰的勇氣；人會退縮，是因爲不想前進的惰性；人會猶豫，是想替放棄找一個搪塞的藉口。

人會害怕，更是因爲方寸大亂，認不清「未知的未來」，不知即將面對的是怎樣的情景。但是，如果因爲這些「理由」就低頭認輸，只會讓自己永遠成爲生命中的逃兵。

別再害怕、別再猶豫，如果「一切都會過去」，還有什麼大不了的事情嗎？何不靜下心來想想如何突破眼前的困境？

十九世紀的英國首相狄斯雷利說：「絕望，是愚者的結論。」

踩到「狗屎」，最需要的就是冷靜，只要相信「再糟，一切都會過去」，就能放下遲疑和猶豫的心，毫不退縮向前進！

保持平常心，才能突破困境

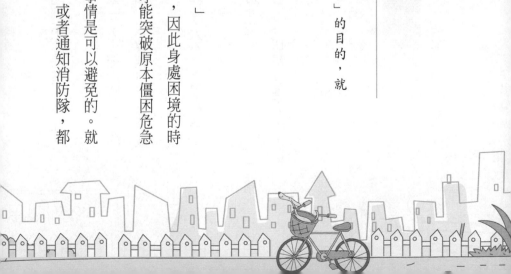

能夠對付恐慌的最好方法，就是冷靜面對，「冷靜」的目的，就是幫助人平靜在慌亂中急著找出答案的心情。

普勞圖斯曾說：「泰然自若是應付困境的最好辦法。」

其實，人在身處困境時，適應環境的能力最爲驚人，因此身處困境的時候，更應該保持冷靜，從容面對不利自己的情勢，如此才能突破原本僵困危急的局面，幫助自己度過難關。

很多意外發生後，再去檢討過程時會發現，有很多事情是可以避免的。就像發生火災時，在可以控制的情況下趕緊用滅火器撲滅，或者通知消防隊，都可以避免一場大災難。

可是，人們遇到危機時，常常會失去應有的判斷力，因為害怕而陷入混亂之中。可能忘了要逃跑，愣在當場看著火勢蔓延；或者是太過害怕驚慌，導致全身無力，癱軟在地。這時候最重要的，就是「冷靜」下來。唯有「冷靜」，才能讓大腦正常運作，找出最適合的應對方法。

只要冷靜，小人物也能立大功，就如同以下故事中的美國小兵。

第二次大戰期間，一艘美國驅逐艦停泊在某國的港灣，那天晚上萬里無雲，明月高照，海上一片寧靜。一名士兵按照慣例巡視全艦時，突然停步站立不動——他看到一個烏黑的大東西在不遠處的水上浮動著。

仔細一瞧，他的臉色馬上變了，原來那是一枚觸發式水雷，可能是從某處水雷區脫離出來的，正隨著退潮的水流慢慢向艦身中央漂過來。

士兵抓起艦內通訊電話機，通知了值日官，值日官評估狀況後，馬上通知

艦長，並且發出全艦戒備訊號，才短短幾分鐘，全員已經在甲板上集合完畢。所有官兵們都緊張注視著那枚慢慢漂近的水雷，大家都知道眼前的狀況非常危急，災難即將來臨。

官兵們立刻提出各種辦法，是該起錨快速開走，還是發動引擎使水雷漂移開？結果都行不通，一來沒有足夠時間，二來螺旋槳轉動只會使水雷更快地漂向艦身。以槍砲引發水雷也不行，因爲那枚水雷太接近艦裡面的彈藥庫，很容易引爆火藥。放下一艘小艇，利用長桿把水雷攤走也不行，因爲那是一枚觸發式水雷，一碰即爆，連拆下水雷雷管的時間也來不及。

悲劇似乎是沒有辦法避免了。有一名水兵一直沒有說話，冷靜地站在旁邊思索著。突然，這名水兵想出一個更好的辦法。

「把消防水管拿來。」他大喊著。

大家立刻明白他的用意，他們向艦艇和水雷之間的海面上噴水，製造出另一條水流，把水雷帶向遠方，然後再用艦砲引爆水雷。

一場危機就這樣化解了。那一名解除危機的水兵，正是因爲冷靜觀察情

況、評估所有可能性後，才能夠做出最正確的決定。

美國第三十二任總統羅斯福曾經說過：「我們唯一該怕的是：『恐慌心理』。」對付恐慌的最好方法，就是冷靜面對。

當事情危及生命，或者影響大局時，會緊張是正常的。但是，在緊張的時候卻不能亂下決定，任何一個錯誤的決定都可能讓事情演變成無法挽回的情況。

有時候急著找出答案，反而會忽略重要細節。保持平常心，就是幫助人平靜在慌亂中急著找出答案的心情。

英國有句諺語說：「處順境時必須謹慎，處困境時必須冷靜。」

的確，在困境中保持冷靜是所有成功人士必備的智慧，一個卓越不凡的人，最大的優點就是遇到不利自己的困境時，能夠讓自己頭腦清醒，百折不撓地冷靜應對，靠著過人的腦力沉著化解。

信譽，是無法買賣的財富

有些人會輕易用「人格」做保證，卻沒有做到該做的事。別因為一時的貪婪或方便，毀掉先前努力建立起的口碑。

友人曾經在買東西付錢時，被商家硬是多賺了一百塊。原本標價三百九的外套，私下被奇異筆劃掉，改成四百九。她再也不光顧這家店，並警告所有的親朋好友，這個店主人做生意不老實。

有一句話這樣說：「因不善販賣而經商失敗的人不多，失敗的原因大都在於缺乏自我管理規則。」

因爲一百塊毀了自己的信譽，損失之大，絕對是業者當初沒有想到的。只

看得到眼前利益，而沒有長遠打算的人，很難眞正致富。

有一對夫妻經營一家燒酒店維生。

丈夫是個老實人，待人眞誠又熱情，他的燒酒都是親手製造，絲毫不馬虎。他的酒又香又醇，酒店生意興隆，常常供不應求。

看到生意這麼好，夫妻倆便決定再添置一台燒酒設備，擴大生產規模，增加酒的產量。一來可以滿足顧客需求，二來可以擴大營業、增加收入，致富的夢想才能早點實現。

於是丈夫準備外出購買設備，臨行之前，仔細囑咐妻子一定要善待每一位顧客，誠實經營，凡事忍讓些，別和顧客發生衝突。

一個禮拜以後，丈夫外出歸來。妻子一見丈夫，按捺不住內心的激動，神秘兮兮地對他說：「這幾天，終於讓我摸索出做生意的秘訣，像你那樣的方法是永遠也發不了財的。」

丈夫一臉愕然，不解地說道：「做生意靠的是信譽，我們家燒的酒好，賣的量足，價錢又合理，所以大夥才願意買咱家的酒，除此之外，還能有什麼秘訣嗎？」

妻子聽後，用手指著丈夫的頭，自作聰明地說：「你這個木頭腦袋，真是不知變通，現在誰還像你這樣做生意！你知道嗎？這幾天我賺的錢比過去一個月賺的還多，秘訣就是，我在酒裡加了水。」

丈夫一聽，胸口都快氣炸了，他沒想到，妻子竟然會往酒裡加水，這種坑騙顧客的行爲，必定會把他們苦心經營的酒店招牌給砸了。

從那以後，儘管丈夫想了許多辦法，竭力挽回酒店信譽，生意仍然日漸冷清，因爲「酒裡加水」這件事還是被顧客發現了。

過沒多久，他們的燒酒店，只能關門結束營業。

常常可以聽到很多物品大賣後，就發生偷工減料的情況，這個消息傳開

後，生意通常也隨著傳聞一落千丈。

商場上，什麼東西都可以用錢買賣，唯獨「信譽」無法用金錢衡量，那是靠長久經營，用心對待客戶累積而來的。但是，偏偏有些人只看得到眼前利益，忽略了「信譽」的重要性。

經營人生和做生意也是同樣的道理。一個人的人格、人品是很珍貴的，有些人會輕易用「人格」做保證，獲取他人的信任後，卻沒有做到該做的事，讓自己冠上一個不好的名聲。

千萬別因爲一時的貪婪或方便，毀掉先前努力建立起的口碑。

用錢有腦子，才不會受宰制

別因為「沒錢」的理由，讓自己活得不快樂，該存就存、該花則花，才算真正享受金錢人生。

省吃簡用，一心一意希望用「積少成多」的方式增加財富的人，看到那些揮霍無度，用金錢追求享樂的人的行爲，都會非常痛心。後者看到前者這種「恐怖」的節儉法，也只會搖頭嘲笑。

大多數的人是這兩種人的綜合版，但還是會有幾個極端的案例出現。

對生活的滿意度，不是用金錢來衡量，沒有定律說明沒錢就不能滿足，有錢就會幸福。賺錢的目的是爲了追求快樂生活，如果賺錢不能爲你帶來快樂，再多的錢也沒有用處。

正確使用金錢方法的基本要件，就是讓收入與支出達成平衡狀態，該用則用、該省則省。過之與不及，只會爲生活帶來壓力，得不到快樂。

有一位信徒對默仙禪師說：「我的妻子很貪婪而且吝嗇，對於佈施行善的事情非常排斥，就連平常家用也一樣，連一點錢財也捨不得拿出來。請師父您大發慈悲，到我家中向妻子開示一番，行些善事好嗎？」

默仙禪師是個豪爽之人，一口答應信徒要求。

默仙禪師來到信徒家中時，信徒的妻子出來迎接，卻連一杯茶水都捨不得端出來給禪師喝。禪師不以爲意，握著一個拳頭，笑了笑說：「夫人，妳看我的手，如果天天都是這樣，妳會有什麼感覺呢？」

信徒的妻子見狀，回答說：「如果手天天都是這個樣子，就是有毛病了，那是一種畸形啊！」

默仙禪師說：「對，這個樣子是畸形！」

接著，默仙禪師用力把五指伸直，手掌開得大大地，再問：「假如手掌天天這個樣子呢？」

信徒的妻子又說：「這個樣子也是畸形啊！」

默仙禪師趁機開示道：「不錯，這兩種情況都是畸形。同樣的，錢如果只知道貪取，不知道布施，就是畸形。錢只知道花用，不知道儲蓄，也是畸形。錢要流通，要能進能出，要量入爲出，才是眞正的用財之道。」

握著拳頭暗示過於吝嗇，張開手掌則表示過於慷慨。

信徒的妻子在默仙禪師這樣一個生動的比喻下，對做人處事、經濟觀念，以及用財之道，豁然領悟了。

住家隔壁有個和信徒的妻子一模一樣的長輩，吝嗇與小氣的個性人人皆知。她的家境稱得上小康，卻讓自己和子女的生活過得比一般家庭還不如，寒酸的三餐讓全家人都營養不良，個個毛病一堆，最後還得花上一大筆醫療費。這就是一個極端吝嗇，不懂得運用金錢的血淋淋教訓。

至於對門的一家人，則恰恰相反。一家三口買了四台車，每輛都是B開頭，聽說最近還要添購第五台。如果能力可以負擔也沒話說，可是他們卻是刷卡分期付款買車。除此之外，沒有自家車位的他們，還將車子長期停放在附近住家的出入口，造成街坊鄰居怨聲連連。看著他們每個月為了付那龐大的車貸而傷透腦筋，實在好笑又可悲。

這兩種運用金錢的方式，都是一種畸形。

金錢，可以是「資產」，也可以是「負債」，就看如何去運用。如果老是覺得錢不夠用，必須搞清楚，是眞的不夠用，還是慾望太多。

別因爲「沒錢」的理由，讓自己活得不快樂。將「存款」和「用錢」分清楚，該存就存、該花則花，才算眞正享受金錢人生。

7. PART

懂得付出，才能活出生命的價值

在每個角落有許多需要關懷的人正默默等待著愛，
將無數的小愛化為大愛，這就是生存的意義。

憐憫之手可撫平疼痛的傷口

憐憫是一種寬容的表現，也是與人相處不可缺少的橋樑，謹慎使用，便會帶給自己前所未有的收穫。

憐憫是人類行爲中很特別的一環，它不像愛那麼濃烈，也比不上寬容的偉大。愛是積極的，不計代價往前衝，只祈求所愛的對象能得到幸福；憐憫則是消極的行爲，是一種只能在原地的踏步，卻無法改變事實的安慰。

然而，憐憫之心卻是一切善心的基礎，所有關懷的開始。即使再堅強的人，內心都有一個脆弱的地方，需要一雙溫柔的手，輕輕地呵護、撫摸它。就算只有一個眼神、一句問候，都能成爲前進的能量。

索爾·胡洛克是一位古典音樂經紀人，也是美國最佳音樂經紀人之一，因為工作的關係，時常與藝術家有接觸，並曾擔任查理·亞賓的經理人三年之久。

查理·亞賓是個風靡一時的男低音，也是個問題人物，行為就像一個被寵壞的小孩，常常帶給別人麻煩，且愛耍脾氣。胡洛克曾經語重心長地說：「查理·亞賓是個各方面都叫人頭痛的傢伙。」

某次查理·亞賓在演唱會當天中午打電話給胡洛克，抱怨道：「我覺得全身都不舒服，喉嚨就像被一塊碎牛肉餅卡住一樣，聲音沙啞又難聽，今天晚上我不想上台演唱了。」

胡洛克雖然不高興，但一句責備的話也沒說。他馬上趕到查理·亞賓居住的飯店，面帶憂傷，同情地說：「我可憐的朋友，你一定感到很難受，看來我必須馬上把演唱會取消，這樣做雖然會讓你損失個一兩千塊，可是跟名譽比較起來，這根本不算什麼，身體比較重要啊……」

查理．亞賓聽完嘆了一口氣說：「或許下午狀況就會好一點了，五點鐘的時候，你再來一趟，看看那時我會不會舒服點。」

到了下午五點鐘，胡洛克再度前往飯店探視查理．亞賓，仍然表現出十分同情的姿態，告訴查理還是將演唱會取消，好好休息會比較好。

查理．亞賓遲疑了一會兒，再次嘆了一口氣說：「唉！也許晚一點就好了，你還是待會兒再來看看我吧！」

到了演唱會開始前三十分鐘，這位任性的男低音終於答應登台演唱了。

乍看之下，胡洛克似乎十分憐憫查理的處境，終究使查理願意登台。不管他是不是眞心，至少聽在對方心裡是舒服的，因爲有人站在自己的立場來著想，讓人覺得受到了重視。

俄國文豪列夫．托爾斯泰在名著《復活》裡如此寫道：「人對待東西可以沒有愛心，砍樹也罷，造磚也罷，打鐵也罷，都可以不需要愛心。但是，人對待人卻不能沒有愛心。」

適度的憐憫，可以成爲人與人之間的潤滑劑。它對受到委屈的人而言，就像一帖消炎藥，可以消火，避免惡化，達到平撫情緒的作用，等到一切冷靜下來，才有辦法做進一步的治療，了解問題的根本。

憐憫是一種寬容的表現，也是與人相處不可缺少的橋樑，讓自己具有憐憫之心，並且謹愼使用，便會帶給自己前所未有的收穫。

只要一個小鼓勵，你就是伯樂

在大家都不認同的情況下，鼓勵的舉動顯得彌足珍貴。一個小小的讚美，便能在心中播下信心的種子，然後成長茁壯。

法國大文豪福樓拜說：「天才是神賜，但是才情卻是我們自己的事。以不休的耐心，不斷地奮鬥，一個人就能得到才情。」

一個人的成功，必須經過不斷的努力。在努力的過程中，有些人會碰到提拔自己的貴人，或者給予鼓勵的支持者，雖然這些人對你所追求的目標不一定了解，但是卻能以伯樂般的眼光，讓你感覺自己就是那匹良馬，等待時機闖出一片天地。

有一個來自貧苦家庭的小女孩，從小就很喜歡唱歌，時常夢想著自己有一天可以站上舞台。但學校合唱團在甄選團員時，她卻落選了，只因她長得又矮又瘦，一點也不起眼，而且長年穿著一件破舊不合身的衣服。

小女孩難過地走到公園，躲在樹下傷心地哭了起來，心想：「爲什麼我不能唱歌？難道是因爲我的歌聲很難聽？」

想著想著，小女孩停止哭泣，輕聲唱起歌來，她一首接著一首渾然忘我地唱著，就像什麼事也不曾發生過，直到疲累爲止。這時，一道蒼老卻有力的聲音響起來：「唱得太棒了！小朋友，謝謝妳！妳讓我度過一個愉快的下午。」原來是個滿頭白髮的老先生，他對小女孩點點頭，帶著微笑離開了。

第二天放學，小女孩迫不及待往公園跑去，果然看到老先生仍然坐在昨天的位置上，滿臉慈祥地看著她。小女孩靦腆地笑了笑，開始唱歌，老先生聚精會神地聽著，一副陶醉其中的表情。

唱完之後，老先生大聲喝采，並給小女孩熱烈的掌聲：「妳的歌聲眞是太棒了！謝謝妳，小朋友！」說完，老先生仍然獨自離開。

就這樣過了許多年，小女孩長大了，成了一個漂亮的大女孩，而且實現了幼時的夢想，踏上舞台成爲知名的歌星。

在衆人的掌聲中，她念念不忘的卻是小時候坐在公園涼椅上那位慈祥的老先生，於是她抽空回到家鄉，來到公園想尋找懷念的身影，但是剩下的只有一張空空的涼椅。她向附近的人詢問老先生的消息，才得知他早已過世，並且聽見一個令人震撼的訊息——其實，老先生一直是個聾子。

當年的小女孩悵然若失地走回公園，坐在那張涼椅上，輕輕撫摸著椅子的邊緣沉思了起來……

爲何老先生是個聾子的消息會讓人震撼？如果聽小女孩唱歌的是個音樂鑑賞家，認定了小女孩沒有天分，是否就沒有日後知名女歌手的出現？

在這個世界上，沒有人可以看輕另一個人的能耐與價值，可惜世俗的眼光，常常決定了一個人的未來。

相信你一定有過類似的經驗，想要嘗試某項不拿手的事物時，別人卻這樣說：「別試了！你對這個不在行，還是做你會的就好。」

於是，有七成的人會打消念頭，兩成的人摸了一下就放棄，只有一成的人會一試再試，到最後會成功的，只剩少數的一兩個人。

因此，在大家都不認同的情況下，鼓勵的舉動就顯得彌足珍貴。

故事中的老人讚美小女孩，小女孩成爲知名歌手，相信這都是兩人當初所始料未及，因爲一個小小的讚美，悄悄在女孩心中播下信心的種子，最後慢慢發芽、成長、茁壯。

別輕忽自己的言行舉止，因爲任何不經意的舉動都可能對一個人造成終生的影響，同時也要相信自己的能力，因爲才情必須靠自己來開發。

助人，也要審時度勢

社會上還有許多需要我們伸出援手的人，只要衡量自己的能力，每個人都可以適度給予別人幫助。

雖然說助人爲快樂之本，但伸出援手之前也要在心中有個底，別一頭熱地投入救援，而忘了自己有多少能耐，否則人還沒救成，自己就先出狀況，反而成爲他人的負擔。

這個社會當然需要一群爲善之人，才能和樂安穩，只是要記住一點，爲善之前一定要謹慎。

齊王生了一場重病，召集了全國最優秀的大夫都無法醫治，就在大家都束手無策時，有大臣建議太子前往鄰國尋找醫術精湛的大大。許多大夫在了解齊王的病症後，都表示已無法醫治而不願前往，就在大家都快放棄時，有人在宋國找到一位名叫文摯的大夫，有著妙手回春的稱號，經過衆人再三請求，文摯終於願意前往齊國。

文摯到了齊國，幫齊王診斷過後，告訴太子：「雖然我可以幫大王治病，但是，大王好了之後一定會把我殺掉。」

太子一臉疑惑：「獎賞你都來不及了，怎麼會殺了你呢？」

文摯嘆了一口氣回答道：「大王的病，必須要激怒他才能治好，可是一旦激怒了大王，那麼我的下場恐怕不大樂觀。」

太子一聽馬上向文摯叩頭請求：「先生務必要救父親啊！假若先生治好父王的病，父王卻要殺你，我和母親會不惜以死力爭。相信父王一定能體會我們的苦心赦免你的，所以請先生不用擔心。」

文摯見太子行如此大禮，又再三地保證，終於答應了。

文摯先和太子約好治病的日期，但是連著三次都失約，齊王因此大怒，到了第四次，文摯終於來了，不過卻遲到很久。當時齊王已經很不滿了，文摯卻沒有向他請安道歉，反而連鞋子也沒脫，就跳上床，一把踩住齊王的衣服，粗魯地詢問齊王的病情，齊王氣得一句話也不肯說。

文摯又找機會說些話，再度激怒齊王，齊王忍無可忍，跳起來大聲責罵，沒想到罵完後病也好了。

事後，齊王非常生氣，無論太子和王后如何乞求，都不肯原諒文摯，後來文摯仍被齊王處死了。

連太子跟王后的鐵票保證，還是挽不回文摯的性命，讓一條助人的生命無辜地消逝，更留下兩人的愧疚。

熱心助人的結果卻徒留遺憾，這眞的是助人的眞義嗎？

引起廣泛討論的玻璃娃娃事件，也是一個讓人難過的實例。幫助玻璃娃娃的同學出於善心助人，可是卻意外導致受助者死亡，這中間沒有誰對誰錯，留下的只有遺憾。

要幫助別人之前，先斟酌自己的能耐，社會上還有許多需要我們伸出援手的人，不要因爲一時的打擊而失去助人的熱心，只要衡量自己的能力，每個人都可以適度給予別人幫助。

懂得付出，才能活出生命的價值

在每個角落有許多需要關懷的人正默默等待著愛，將無數的小愛化為大愛，這就是生存的意義。

有位哲人說：「真正的愛心，是照顧好自己的這顆心。」愛，是一種付出，付出越多，越能刺激它的生長。每一個活在世界上的人，都需要別人的關愛，也要學習如何去愛別人。

然而愛，必須以健康的方式來進行，它是一種可以讓人改變身心的高貴情操，不要求回報，不計較得失，在付出的同時，自己也活得更有意義。只有這樣，才能稱得上是眞正的愛。

有位守墓人每個星期都會收到一位陌生婦人的來信，信裡面總是附上鈔票，交代守墓人買一束鮮花，放在她兒子的墓前。這樣的日子一連過了好幾年，但他們彼此都沒見過面。

有一天，一輛轎車來到了公墓大門口，司機匆匆忙忙走下車，來到守墓人的小屋，告訴守墓人：「車上有位婦人想見你，但是她病得很重，無法下車，是否可以請你走一趟呢？」

守墓人走到車旁時，果然看到一位面容憔悴，但又有幾分貴氣的老夫人坐在車上。她眼神哀傷、毫無精神，懷中抱著一大束鮮花。

「你好，我是亞當夫人。」她伸出手來，對守墓人說：「這幾年來我每個禮拜都寄錢給你……」

守墓人握著亞當夫人無力的手回答：「買花。」

「是的，爲我兒子買花。」

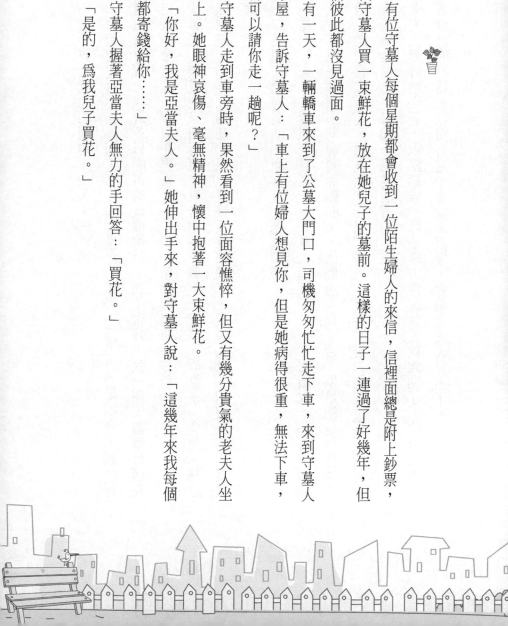

「我不曾忘記您的囑咐，夫人。」

「今天我親自來到這裡……」亞當夫人停頓了一下，「是因爲，我快死了，醫生告訴我，我最多只能再活幾個禮拜。死了也好，我一個人孤獨地活在世上也沒什麼意義，我只想再看兒子一眼，所以親自來送花給他。」

扶著夫人緩慢地來到墓前，看著她將花放下，守墓人靜默了一會兒，終於忍不住開口：「鮮花擱在那兒，沒幾天就枯萎了，既沒人聞，也沒人看，其實很可惜……」

「你是如此覺得嗎？」亞當夫人認眞問著。

「是的，夫人，請您別見怪。」守墓人遲疑了一下，繼續說：「我常常到醫院或者孤兒院探望那些需要照顧的人，他們過得很辛苦，但是總是對生命懷抱希望，他們喜歡看花，也喜歡聞花兒的香氣，更非常努力地在世界上活著。可是躺在墓地裡的，有哪一個是活著的？」

老夫人無言地坐著，默默禱告一陣子後，沒說什麼就離開了。守墓人有些懊惱著自己的行爲，他擔心這一番話太直接，會讓老夫人受不了。

幾個月後，老夫人忽然來訪，而且是自己開車來，守墓人驚訝地望著她。只見她笑著說：「我把花都送到醫院跟孤兒院了，那裡的人們看到花兒可高興了，連我也感受到快樂的氣氛，病情也好轉了，雖然醫生不明白爲什麼會這樣，但是我知道，因爲自己活著還有些用處。」

亞當夫人對孩子的愛，當然不容否定，但是她放任自己沉浸在喪子的悲痛中，整日悲傷，看似憐憫年輕生命的早逝，其實是在可憐自己，覺得自己已經沒有活在世上的價值。

正是這樣的念頭把她推向死神，直到守墓人的一席話點醒了她。

每個人的一生中，都會有自己想要守護、關愛的對象，當這個目標消失時，是否就失去生存的意義呢？既然活著，就要活得有價值，不要忘記，在每個角落都有許多需要關懷的人正默默等待著愛，將無數的小愛化爲大愛，這就是生存的意義。

英國思想家培根曾說：「一個人如果能在心中充滿對人類的博愛，那麼他雖在人間，也就等於生活在天堂之中了。」

如果人人都願意獻出自己的愛心，那麼，待人接物必然更加寬容，這個世界也必定會變得更加璀璨溫馨。

愛，是人類最高尚的行爲表現，人世間的一切都有消滅的一天，唯有愛心例外。眞正的愛，是推己及人，最重要的是，當你能照顧好自己，才能愛護別人。因爲愛，是來自於快樂的人。

享受生活中的小事就是幸福

其實只要懂得享受生命，幸福生活也可以很簡單。人活著，就必須讓自己真正去體驗生命。

人們會因爲外在環境而影響自己的心性，在忙碌、狹窄的空間，不知不覺中心胸也跟著狹窄，鑽牛角尖，進而影響自己的生活，對一切失去熱忱。

其實，我們所處的環境帶來怎樣的影響，都與我們自身脫不了關係。要是不能用心去感受它，即使再好的條件，人生還是沉重的。

所謂的生活的樂趣只是一種感覺，常常就在自己的身邊，只是我們沒有發覺而已。每個人都有每個人的快樂，只要能用開闊的心胸生活。

一個富商身染重病，時日無多，有一天他躺在床上休息時，聽到窗外傳來一陣嘻笑聲，原來是廣場前有一群孩子在雨後抓蜻蜓。於是他把四個年輕的兒子叫來床邊，對他們說：「我已經好多年沒見著蜻蜓了，你們到空地上捉幾隻過來讓我瞧瞧。」

不一會兒，大兒子就帶了一隻蜻蜓上來。富翁問他怎麼那麼快就回來，而且才抓一隻而已，大兒子回答他：「我希望能讓爸爸快一點看到蜻蜓，就用您剛剛送我的那台遙控車，跟小朋友換了一隻蜻蜓。」

富商聽完，若有所思地點了點頭。

又過了一會兒，二兒子也回來了，手上捉著兩隻蜻蜓。富商問他蜻蜓是怎麼抓來的，二兒子告訴他：「我把剛剛您送我的小飛機用三分錢租給一個小朋友，然後拿其中的兩分錢跟另一個小朋友租了兩隻蜻蜓。」

富翁聽了，不禁笑了笑。

不久，老三也上來了，帶來十隻蜻蜓，富翁又問了他同樣的問題。

「爸爸，要不是怕您等不及，原本我可以帶十五隻蜻蜓回來的。剛剛我把您給我的模型汽船舉得高高的，問問看有沒有人要玩，想玩的只要交一隻蜻蜓。」富翁聽了，拍拍三兒子的頭。

過了好一陣子，小兒子才慢吞吞的走上來，只見他滿頭大汗，衣服上沾滿灰塵跟泥土，手上一隻蜻蜓也沒有。

富翁問：「孩子，你怎麼把自己弄成這樣呢？」

小兒子低著頭，愧疚的說：「我捉了老半天，一隻也捉不到，就乾脆坐在地上玩您給我的小火車，我想著說不定小火車可以撞上一隻跌落在地上的蜻蜓。後來看到哥哥們都離開了，等了一陣子還是沒撞到蜻蜓，只好回來了……」小兒子愈說愈小聲，忍不住哭了起來。

富翁慈祥的笑了，將四個兒子摟在懷裡，替他們擦掉臉上的汗珠。

第二天清晨，當兒子們要向富翁請安時，才發現他已經過世了。他們在富翁的床頭發現了一張小紙條，上面寫著：「孩子們，我需要的並不是蜻蜓，而是希望你們能感受到捉蜻蜓的樂趣。」

在追求生活的目標時，我們常常忘記這樣做的原意何在。長輩們總是諄諄教誨著要如何如何爲將來打算，之後才能過好的生活，老了才會幸福，可是當我們達成所謂「好生活」時，卻不一定快樂，因爲在這段「努力」的過程中，已經忘了如何過「好生活」，甚至不知道怎樣才稱得上好。

其實，只要懂得享受生命，幸福生活也可以很簡單。

人活著，就必須讓自己眞正去體驗生命，即使是一個抓蜻蜓的動作，都能讓人樂在其中。如果人生只能選擇這樣過，那就敞開心胸，去擁抱、接受、品味它。沒有嘗遍酸、甜、苦、辣，怎能了解生命的樂趣呢？

生命不會是一成不變的

生命中沒有不會改變的東西，就算是親情、愛情，也會有情感濃淡轉換的差別，變化是在無聲無息中進行的。

當我們面對困難時，常常會感到無比難受，那是因爲問題不好解決，在不斷的失敗中，痛苦指數自然上升。

要是同樣的問題到了別人手上，卻能輕輕鬆鬆迎刃而解，這時候就該好好檢討自己，是眞的技不如人，還是另有隱情呢？

再看看別人所使用的方法，或許你會發現，方法其實並不難，但爲什麼當初就沒有想到？那可能就是固執而造成的刻板印象綁住了你。

在一個炎熱的天氣裡，佛陀一行人經過一片森林，日正當中時，他們停在樹蔭下休息。佛陀覺得口很渴，就對身邊的弟子阿難說：「不久之前我們不是有路過一條小溪嗎？你前去幫我取一些水回來。」

阿難聽完佛陀的吩咐馬上起身往回走去，當他走到小溪旁時，發現因爲剛剛的車隊經過，溪水變得非常混濁，於是就空手而回。

阿難告訴佛陀：「小溪的水實在太髒，不能再喝了。請允許我繼續往前走，我知道距離這幾里處有一條小河，可以去那邊取水。」

佛陀說：「不用了，你回到剛剛那條小溪取水就可以了。」

阿難雖然心裡不服氣，還是乖乖走回去。

他邊走邊想著，這樣做只是浪費時間白跑一趟而已，溪水還是很髒不能喝，那有什麼意義呢？當他走到一半時，越想越困惑，於是就跑回去問佛陀，爲什麼一定要取那條小溪的水。

佛陀沒有解釋，只是堅定地說：「你再去一趟。」阿難只好遵從。

當阿難回到小溪旁時，才驚訝地發現到溪水又回復到原來清澈、乾淨的模樣，泥沙已經消失了。

阿難開心地在水壺裡裝滿水，輕快走回去，跪在佛陀跟前說著：「感謝老師給我上了偉大的一課，我現在終於知道，沒有什麼東西是永恆的。」

固執，並非缺點，因爲執著於某個信念，能讓人堅持下去。但是若固執變成頑固不知變通時，那就要小心了。

堅持己見，會讓自己故步自封，不願意接受新的知識，不肯嘗試新的方法。當環境正在改變，卻還固守舊有的理論和方法而自以爲是時，等在前方的結果就是被自然淘汰。

在萬物的生存史中，能留下來的生命往往是經過演進改造的，絕種的動、植植物，則是無法適應環境而消失的一群。

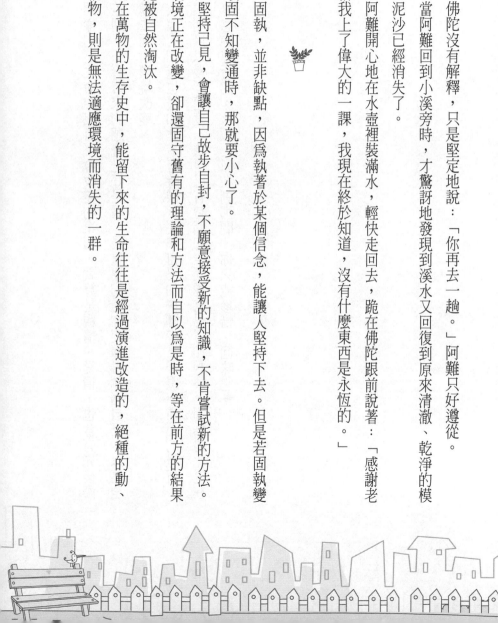

同樣的，生命中沒有不會改變的東西，就算是親情、愛情，也會有先後濃淡的差別。不管帶來的感覺是好是壞，最重要的是你要懂得調適自己，以萬全的準備去面對環境改變。

人與人相處也是如此，有時候，要讓自己加快腳步，好跟上前面的隊伍；有時候則可以慢下速度，讓自己有時間和空間獨立思考和觀察，因爲變化是在無聲無息中進行的。永恆，只在剎那間，你只能珍惜、回味它。

想有無價回先要有無私付出

只要是無私奉獻，會發現生活更有意義，因為更多的愛、尊重與樂趣將來到身邊。

王爾德的童話《快樂王子》裡，以鉛塑成的雕像王子要小燕子將鍍在身上所有的金箔、寶石送給需要幫忙的人，雖然到最後他看起來就像個乞丐般寒酸，連眼睛也瞎了，可是內心在此時才眞正擁有了快樂。

一直幫忙他的小燕子爲此趕不及和同伴們前往埃及過冬，最後長眠於王子身邊，儘管如此，牠是滿足的。

當上帝要天使到城市裡選兩件最寶貴的東西帶回來時，天使帶回了一顆鉛

製的心和一隻死鳥。

「你挑選對了。」上帝高興地說，「在天堂樂園裡，這隻小鳥將永遠歌唱；在黃金宮殿裡，快樂王子將會讚頌我。」

付出一切的回報是無價的，因爲得到的是快樂。

炎炎夏日，毒辣的陽光曬的萬物像鐵板上的肉塊般，滋滋作響，狗兒趴在屋簷下，吐著舌頭猛喘氣，只有傘不畏日曬，努力撐開身子，爲主人遮住灼人的陽光。到了梅雨季或秋雨綿綿的日子，傘還是努力撐開身子，爲主人遮風擋雨，不讓主人被雨淋濕。

即使太陽曬到雙肩快要脫掉一層皮，雨水打到全身發痛，狂風吹的全身骨頭都要散掉，傘還是盡忠職守，不說一句怨言。

可是進到屋內後，主人就把傘收了起來，放到屋角，不再看上一眼，謙虛的傘就這樣安安靜靜地偎在牆腳。

這時候，一隻花貓走了過來，疑惑問道：「傘大哥，你為主人付出了那麼多，主人卻沒有給予任何獎賞，還對你不聞不問，難道你都不覺得這樣的生活很沒意義嗎？」

傘微笑著反問花貓：「如果人們需要我的時候，我反而縮起身子，躲得遠遠的；人們不需要我時，卻拚命撐開身體，顯示自己的存在，這樣活在世界上又有什麼意思呢？」

法國馬賽有一名警官名叫梅爾，爲了緝捕一名姦殺女童艾美的罪犯，付出了幾十年的歲月。

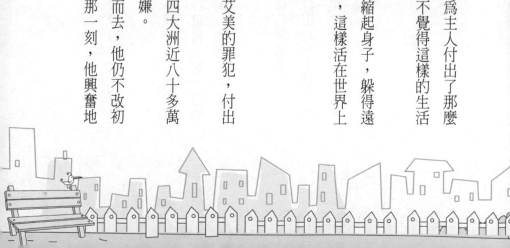

他查遍所有文件檔案，打了三十多萬通電話，甚至走過四大洲近八十多萬公里的距離，不放棄任何一點蛛絲馬跡，日以繼夜地追查兇嫌。

由於把所有的心力都放在工作上，兩任老婆都因此離他而去，他仍不改初衷，終於在七十三歲那年，親手逮捕兇嫌。當他銬住犯人的那一刻，他興奮地說：「小艾美終於可以瞑目，我也可以退休了。」

有記者問他這樣做值得嗎？他回答：「一個人的一生只要努力付出，認眞做好一件事，這輩子就沒有白活。」

在這個社會上，有一群像傘和梅爾警官這樣的人，他們靜靜付出、默默貢獻，他們的用心形成一條無形的鍊子，將人們圈在一起。或許會有人說，這個社會仍然充滿了暴戾之氣，但是如果沒有這樣一群人默默做事，今天的生活環境大概找不到一絲平靜。

人們習慣於享受他人的付出，將此視爲理所當然，而沒有心懷感激之意，殊不知在這個世界上，沒有所謂的誰就該爲誰付出。然而，付出和收穫是一體兩面的，或許沒有實質的回報，但是只要是無私奉獻，會發現生活更有意義，因爲更多的愛、尊重與樂趣將來到身邊。

在自己的領域活出意義

與其勉強模仿另一個人，不如發揮自己的強項，讓自己與別人不同，還比較有機會突顯自己，建造屬於自己的領域。

人總是在生活中力爭上游，想辦法讓自己成爲優秀分子。有些人認爲進入所謂上流社會，就代表高人一等，所以想盡各種辦法要讓自己「升級」，了解上流人士平常都做些什麼。

於是，有人開始學習打小白球，有人則想盡辦法參加上流社會的聚會，爲的就是和這群「特別」的人有所交集。

然而，一味地模仿，眞的能改變自己的身分嗎？

很久很久以前，有一群牛在一望無際的原野上生活。牠們的性情非常溫馴，彼此相處和睦，互相照顧，還一起尋找繁茂的青草地。每到一處，都會選擇柔軟細嫩的青草進食，飲用清涼甘美的泉水。牠們悠然自得生活在藍天白雲之下，牛群數目也越來越多。

有一頭驢子看到這群朝夕相處、幸福生活在一起的牛，心裡非常羨慕。能像牛群那樣悠然沉穩地咀嚼柔嫩的青草，慢條斯理飲用甘美的泉水，自由自在且安靜生活，是驢子很久以來的夢想，於是下定決心要模仿牛的種種生活方式及行爲舉止。

一天，驢子跟著牛群遷徙到一處水草肥美的地方。驢子混在牛群中間，左顧右盼，前跑後晃，牛群對牠表示謙讓。驢子心中因此得意起來，趾高氣揚地跟在牛屁股後面，儼然成了牛群中的一員。

但是，驢子就是驢子，無論如何也改變不了本性，變成一頭牛。牠根本不可能像牛那樣安詳沉靜地吃草，總是忍不住用蹄子前刨後挖，把青草踏爛，把泥土翻起來，好端端的草地一會兒就被牠踐踏得不成樣子。

然後，驢子又極不安分地跑到水中去飲水、遊玩，將清澈的池水攪成泥湯，接著又模仿牛的叫聲。

可是，不管牠怎麼拚命地叫「我是牛，我也是牛」，卻依然改變不了驢子那世人皆知的難聽聲音。

最後，這群溫和的牛終於受不了驢子拙劣的表演，覺得牠破壞了牠們生活的秩序。於是，牛群們聚集起來，用角攻擊這頭愚蠢的驢子，沒多久，這頭驢子便癱在爛泥地上，奄奄一息了。

牛群將驢子丟棄在曠野上，邁著步伐，浩浩蕩蕩繼續尋找新的水草。

和別人同化，看似光榮，其實已經迷失自己。每個人都有個自我，不管怎麼隱藏，它還是存在的。

說句殘酷的話，不管你再有錢、權勢再大，一定都有人比你更高一層。這樣的自己，不管再優秀，也只是優秀群中的其一，更何況一般人呢？與其勉強模仿另一個人，不如發揮自己的強項，讓自己與別人不同，還比較有機會突顯自己。

驢子曾是人們任勞任怨最好的工作夥伴，雖然牠跑得沒有馬快，走得沒有牛穩重，卻可以背負著重物，長時間勞動，這就是牠與其他動物不同之處，也是牠的存在價值。

人也是同樣的道理，或許我們沒有天分、背景，讓自己拼過一個又一個比自己優秀的人，但是我們可以「比人不同」，建造屬於自己的領域。

8. PART

快樂烹調你的幸福人生

培養興趣是一項重要的生活條件，

在興趣中建立目標，

不但能使自己活得快樂，

也能讓人感受到蓬勃的生命力。

快樂烹調你的幸福人生

培養興趣是一項重要的生活條件，在興趣中建立目標，不但能使自己活得快樂，也能讓人感受到蓬勃的生命力。

所謂圓滿的人生，通常會有一個奮鬥的目標。但是當這個目標完成，或者永遠不可能實現時，人生是否從此就失去意義了呢？

那些努力工作、辛勤一輩子的人，卻在退休後的短短幾個月內，成爲老年癡呆症患者，或是就這樣離開人世的例子時有所聞。本該享清福的晚年就這樣結束實在可惜，那麼之前的奮鬥，到底爲的是什麼？

歸納原因，是因爲他們退休後突然閒了下來，生活沒了目標與重心，終日無所事事，不知如何打發時間，因此腦袋鈍了，也失去了生活的動力。

布魯若先生退休後不久，他的妻子就過世了，使他承受重大的打擊。才六十五歲的他一夕之間蒼老許多，每天悲傷地望著妻子的相片發呆，要不就坐在電視機前面動也不動，直到睡著。他不再與朋友來往，把自己關在屋子裡，就像從這個世界蒸發了一樣，慢慢地人們也忘了他的存在。

日子一天一天過去，他的女兒見到父親仍未脫離喪妻之痛，感到焦急萬分，不停思索著該如何才能提振父親的精神。記得母親在世時，父親是個隨時隨地都充滿活力的人，幾乎沒有什麼事能難倒他的，現在她到底要怎麼做才可以重新喚回父親對生活的熱情呢？

一個下午，女兒提著大包小包的食材，和一份小禮物去探望布魯若。看著女兒放到他手上的東西，布魯若好奇地詢問。

「那是我送你的禮物。」女兒邊說邊把帶來的食材放進冰箱，布魯若打開

禮物一看，原來是本食譜。

「這是給初學者使用的烹飪書。我擔心你天天吃罐頭食品會營養不良，所以送你這本書。」女兒貼心地坐到父親身邊翻開食譜：「這裡面有你喜歡的菜色，像是義大利通心麵、奶油燉白菜、烤肉捲……等等，希望你空閒的時候可以嘗試做做看。需要的材料我幫你買好了，就放在冰箱裡。」

女兒離開後，布魯若先生將食譜從頭到尾認真地翻了一遍，並仔細研究，直到肚子發出咕嚕聲，這才想起該吃晚餐了。於是，他走到廚房，按照書上的指示，一步步地嘗試製做他最愛的奶油燉白菜，令他驚喜的是，沒想到煮出來的奶油燉白菜味道出乎意料的好。

從此，布魯若先生愛上了烹飪，料理成爲他生活中的一大樂趣，而且那不再只是單純滿足於塡飽肚子，他更要求食物烹調出來的美味。當他對自己的烹飪技術十分自信後，便開始邀請朋友到家中品嚐，如此一來，不僅可以在大家面前顯露一手廚藝，看到每個人吃得津津有味的幸福模樣，布魯若先生也因此而感到無比快樂。

「烹調」讓布魯若的生活有了新的開始，更讓開朗笑容重回到臉上。

如果人活著是爲了達成目標，那麼，爲了讓自己活下去，就必須學會尋找、建立目標。許多人把工作當成一種興趣，但是人會老，身體機能也會跟著退化，必定會有力不從心的一天，因此培養第二興趣是必要的。

培養興趣是一項重要的生活條件。在興趣中建立目標，不但能使自己活得快樂，更能讓人感受到蓬勃的生命力。

故事中的布魯若先生能從烹調中發現新生命，這也說明了生活中有許許多多的小細節正等待著我們去挖掘與尋找，只要認眞烹調生命，說不定還能因此發現自己擁有未知的天分呢！

搭上「經驗」特快車，成功就在眼前

經驗，就是眾人的力量。前人已經替你做過無數次的實驗，經歷跌倒、受傷，最後終於開花結果，成為讓你受用的無價之寶。

有人說：「天時不如地利，地利不如人和。只有凝聚起群體的力量，才能讓自己有限的光明，變得更大更閃亮。」

中國也有句俗語說：「不經一事，不長一智。」

很多的經驗都是從失敗中吸取而來，所謂「失敗爲成功之母」就是這個的道理。因此，很多時候，我們必須學習當個經驗的吸收者，在他人的經驗裡學習成功法則，只是現在的人大都以自我爲中心，不夠寬容的結果，行事當然不

夠圓融，很難早一步成功。

歷史上許多成功者都懂得活用別人的經驗法則，如果成功之路是十年，那麼吸收他人的經驗，可以讓你減少摸索七年。

遠古時代，很多動物都還沒找到一套適合自己的生存方式，每天都在失敗中學習與摸索。例如，那時候的蜘蛛，並不像現代的蜘蛛一樣，知道可以將絲結成網捕捉獵物，因此頭腦簡單的牠們，雖然有著吐出絲線的本領，卻還是常常餓肚子。

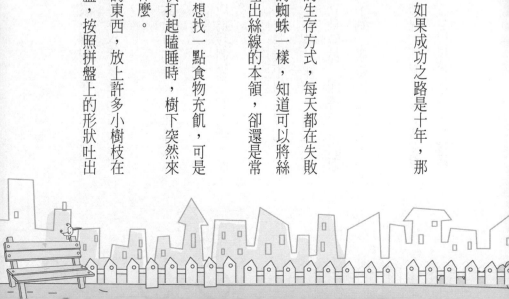

有一天，一隻餓得發慌的蜘蛛在樹上爬來爬去，想找一點食物充飢，可是毫無收穫，後來終於無力地坐在樹枝上休息。當牠快打起瞌睡時，樹下突然來了一個人，牠好奇地張望著，想看看那個人在做些什麼。

原來那個人就是伏羲氏，正拿著一個像拼盤似的東西，放上許多小樹枝在上面擺弄。蜘蛛看到這些有趣的圖案，也依樣畫葫蘆，按照拼盤上的形狀吐出絲線，織出橫向、縱向的經緯線來，這些線慢慢的形成一張網。在蜘蛛還沒完工前，就有一些小生物不知不覺地踏進牠的網中，並且被絲線黏住而動彈不得，蜘蛛因此得以開心地享用一頓大餐。

蜘蛛飽食一頓後，馬上回到家中，將這個發現告訴所有的族人，並且教導大家如何織網來捕捉獵物。

「子子孫孫們，千萬要牢牢記住，這個編織法將成為我們謀生的法寶，而它是來自人類的智慧。」蜘蛛對著族人說了這段話。

有一隻自作聰明的小蜘蛛，因為看不起人類的智慧，堅持不用這樣的方式捕捉獵物，偏要模仿蚯蚓爬行的方法，織出蜿蜒連成一長線的網來。可是，每當小昆蟲碰到牠的網線時，只要掙扎個幾下，網線就立刻破掉，即將到口的獵物轉眼便跑掉了。幾次下來，小蜘蛛連一隻螞蟻也捉不到，餓得趴在地上，一動也不能動。

「怎麼樣？」一隻老蜘蛛見到這種情況，對小蜘蛛說：「還是接受前人寶貴的經驗吧！要知道，經驗是從痛苦中提煉出來的，它可以讓你少走點冤枉路，以加快成功的速度。」

奧地利作家茨威格說：「人生充滿苦難，必須活用眾人的力量。」經驗，就是眾人的力量，也是知識的來源。這種知識是珍貴的，因爲前人已經替你做過無數次的實驗，經歷跌倒、受傷，最後終於開花結果，成爲讓你受用的無價之寶。

或許你寧可選擇自己嘗試，在失敗中求成長，然而人生又有多少時間可以讓你重來？有多少機會可以等待你的緩慢成長？

活用前人的經驗能讓人在旅途中少走點彎路，減輕沉重的包袱，但卻不會減慢你前進的腳步。

有時候，我們必須選擇搭上「經驗」這班特快車，唯有虛心求教，才是找出最快到達終點，卻不會錯失沿途風景的最佳方法。

用好奇心創造生活奇蹟

我們對事情的處理方式大都維持在能過就好，即使對某方面滿是疑問，也不會有仔細的探究。

美國企業家薩姆．沃爾頓談及自己的成功法則之時，曾經說過：「不要理睬世襲的聰明，當大家按同一個固定模式行事時，你不妨獨闢蹊徑，按另一種不同模式去做，這樣才可能獲得成功。」

確實如此，想要獲得成功，就要充滿好奇心，不要人云亦云。

假期裡，許多強檔好戲接連上映，在冷氣房中享受聲光效果，讓感官與心智沉浸於精彩絕倫的電影之時，不免要慶幸自己生在這個進步的時代。

但若要眞正的飲水思源，感謝讓我們享受電影的那個人，可能要說到一位賽馬迷——邁布里奇。

邁布里奇是一位英國攝影師，最喜歡的活動是賽馬。一八七二年的某個下午，他和朋友因爲「當馬兒全速奔跑時，四個蹄是否完全離地」這個問題各執一詞，在賽馬場上爭論得面紅耳赤，誰也不肯讓誰。

後來，他們想出一個辦法來判斷誰對誰錯，只見兩人在賽馬場上架設了二十四台照相機，每台相機的快門都用一條線連著，再將線拉到馬奔跑的路徑上，當馬將線扯斷時，快門也會自動按下。就這樣，用相機仔仔細細拍攝下一段段馬兒奔跑的過程。

根據拍下的相片，他們終於得出一個確實的結論，那就是，當馬全速奔跑時，四蹄的確是離地的。

只是，賽馬跟電影有什麼關係呢？當然，如果只有這些佐證用的相片，日後是不可能有電影出現的。

其實，得到答案的兩個人並沒有因此而感到滿足，他們接著將拍下來的照片，以等距離的方式鑲在圓盤上，當轉動圓盤時，他們驚奇地發現，馬真的「奔跑」了起來。

這個發現傳到了偉大發明家愛迪生的耳中，引起了他的高度興趣，經過不斷地研究與嘗試，具有劃時代意義的電影放映機終於問世了！

所謂抽絲剝繭，順著一條線索不斷尋找，便會有驚人的發現，如果淺嘗即止，就沒有今天電影的誕生。

當我們快樂地看著電影，屏息等待名偵探科南一層層解開謎題，揭開眞相時，心中充滿著無限的刺激感，等到答案公佈時，那種放下懸著一顆心的快感是難以言喻的。

但是，日常生活中，我們對事情的處理方式大都維持在能過就好，即使對某方面滿是疑問，也不會有仔細探究的精神。這樣的生活態度讓我們成爲任人擺佈的傀儡娃娃，可能偶爾會驚覺今天的困惑之線似乎綁得自己有點痛，但大多數人卻不會找到繩頭，將線放鬆一點。

是怕麻煩？還是有其他的原因呢？得過且過、不求甚解的做事方法似乎已成爲現代人一種通病。

別把疑問永遠放在心底，不要讓自己成爲差不多先生。

抽絲剝繭就像剝洋蔥般，每剝開一片，總教人淚水直流。或許，探究事情的過程中會碰到許多困難，但挖掘出新發現的喜悅感及難以估計的價值，絕對值得我們勇敢嘗試。

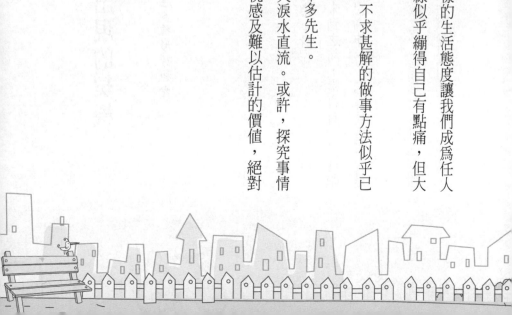

出牌不按牌理，掌握瞬間出現的契機

當一條路行不通時，要懂得轉彎，讓自己適應各種形勢和變化，有了機會時，再適度表現自己。

當你想要奮力往上跳時，第一個動作是不是先蹲下身呢？成就大事業的人，並非都能一帆風順，在時機未到之前，常會有一段低頭時期，必須以退爲進，在暫時的「屈」中等待將來的「伸」。忍辱負重可說是考驗一個人是否能擔當重任的重要方法。

以退爲進，有時候也是一種攻擊謀略，一種誘敵之計。先讓對方以爲有利可乘，引蛇出洞後，才展開眞正的追擊。若換個說法，就是引起對方的注意，讓原本不感興趣的人浮現好奇心，有進一步探個究竟的動力。

法國十四世紀作家愛彌爾．左拉出生於巴黎，七歲時父親罹患肺炎過世後，便和母親從此過著飢寒交迫的生活。

左拉十九歲時，因爲家境貧寒的關係，不得不中斷學業。

之後的幾年，他到處賺錢，甚至曾在海關旁的旅社打工，但是都持續不久，爲了生活也常典當身上的衣物，以維持家計。不過，喜歡文學的他，不論在多麼艱苦的環境下，都從未放棄寫作的興趣，利用有限的時間寫了很多作品，有短詩也有小說。

二十二歲那年，左拉進入一家出版社當小職員，在發行部門做打包的工作。兩年後，他將自己寫的一些小故事收集起來，帶著那疊書稿，開始向出版商「推銷」自己的作品。他前後拜訪了三家出版社，始終沒有人願意給他機會，讀讀他的作品，可是左拉並沒有放棄。

這一天，當他走到出版商拉克魯瓦的辦公室之時，忽然靈機一動，想著自己必須改變「推銷」作品的方法，一方面增加被錄用的機會，另一方面也可以維持自己的自尊。

於是，「碰」的一聲，他用力打開辦公室的門，直直地闖了進去。

拉克魯瓦看著這個冒失的年輕小伙子，不解地問他前來的目的。

「已經有三家出版社拒絕這部作品了。」左拉一開口就這麼說。

拉克魯瓦愣住了，他看著左拉手上捧著那一疊書稿，心裡想著：「從來沒有一個作家會對出版商說自己的作品不受歡迎，這樣做，誰還敢替他出書呢？」拉克魯瓦對於左拉如此坦率的行爲大感興趣，盯著他直瞧，想看看左拉到底打算說些什麼。

「我有才華。」左拉不等拉克魯瓦開口，就馬上接了一句。

由於左拉的直率，拉克魯瓦決定給他的作品一個機會，仔細看看他寫得如何。不久之後，他就跟左拉簽約了；這部作品，就是愛彌爾．左拉的處女作《給妮依的故事》。

讓面試官留下好印象，往往是每個求職者必備的條件，因此，適度的包裝自己是不可缺少的。然而擁有決定權的上位者，早已閱人無數，什麼樣厲害的角色都瞧過，更何況是剛出社會的毛頭小伙子？

我們自我推薦，述說自己多麼有才能，總期望能達到加分效果，但看在主管眼裡，還是有很大的空間需要磨練。此外，眾多競爭者個個力求表現，想讓主管留下多一點的印象，有時候要懂得反其道而行。這並非要我們奇裝異服，言行放蕩，而是要能換個方法前進。

對拉克魯瓦這個經驗老到的出版商而言，聽過太多過度膨脹的虛華言詞，卻很少有人在推薦自己時，說出不利於己的話來。拉克魯瓦願意給佐拉機會，除了受到他直率個性吸引之外，還包含了極大的好奇成分。

因此，當一條路行不通時，要懂得轉彎，讓自己適應各種形勢和變化。當然，也別忘了順水推舟，有了機會，更要懂得適度地表現自己。

不當影子，你就是個發光體

停止當個文抄公，也別當個應聲筒，更不要成為一個「失聲」者，找出自己的風格，不要再當個傀儡娃娃。

做別人的影子永遠受限於光源，雖說學習的開始確實是來自於模仿，但是模仿久了，就該找出自己的風格。

做人也一樣，如果爲了某些因素，而不敢或者不懂得說出自己的聲音，那麼也只是個受控於社會的傀儡。

世界上有許多人是運用自己的特質而創造成功，任何人都可能是其中一個，只要我們能夠珍惜且認識自己。

有一種產在南方的鳥，名字叫做鴝鵒，又稱爲八哥。

南方人捕捉牠後，將牠的舌頭剪成圓形，再經過一些時日的訓練，就能模仿人類說話。雖然只能學上幾聲，說不出太多話，也變不了什麼花樣，但仍深受到人們的歡迎。因爲捕捉不易，加上訓練困難，八哥的身價不凡，大家都以擁有一隻八哥爲傲。

每天下午，擁有八哥的主人都會把牠帶到樹蔭下，一群人就圍著鳥籠，逗牠開口說話。當牠好不容易冒出一句人話之後，所有的人都會拍手叫好，嘖嘖稱奇，許多孩子甚至不厭其煩地試著要教牠講更多的話。八哥每天受到那麼多人的恭維，尾巴總是翹得高高地，好不威風。

有一天，當主人帶著八哥在庭院中休息時，突然聽見一陣蟬叫聲，主人忍不住閉上眼睛陶醉地聽著，並對旁人說：「蟬叫聲眞是自然的天籟啊！」

八哥聽在心裡非常不高興，覺得世界上叫聲最美妙的動物非自己莫屬，因爲牠會講人話。等到主人離開後，八哥就對中庭裡的蟬說：「你的叫聲眞是可笑極了，連一句人話都不會說，還能稱得上是天籟嗎？」

蟬一點也不生氣，回答說：「雖然我不會講人話，卻可以唱出任何我想唱的曲子，至於你，就只能重複著那些人們要你說的話，卻永遠無法說出自己心中眞正想說的話。你能像我一樣，說出自己眞正的心聲嗎？」

八哥聽了忍不住低下頭，爲自己之前驕傲的態度感到羞愧，從此以後，再也不模仿人類說話了。

同樣是演奏別人的作品，爲什麼演奏家會有高下之分呢？差別就在表達的方式，每個人所融入的情緒都不同，自然會帶給人不同的感受。

就算是相似度再高的雙胞胎，也能找出相異之處，每個人都是不同的個體，沒有誰可以取代誰，人生道路更是如此。

然而社會上，像八哥一樣只懂得模仿別人的人很多，他們的心中缺少了自己的想法，就像某個商品風行時，大家一窩蜂爭相模仿，造成產品氾濫，最後能撈到利益的人卻屈指可數。

要讓生命更圓融、更成功，就必須發揮創造精神；欠缺創造精神的人，只會被時間的洪流無情地淘汰。

停止當個文抄公，也別當個應聲筒，更不要成爲一個「失聲」者，找出自己的風格，不要再當個傀儡娃娃。

該說就說，該做就做，勇敢當自己。

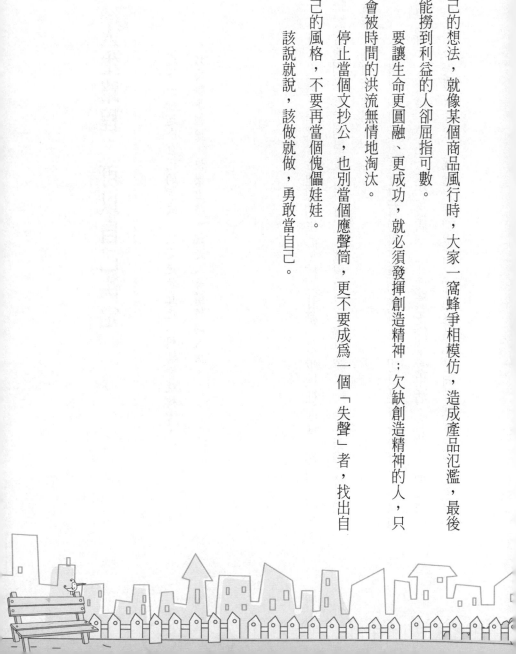

人生路程，可以自己決定

選擇一種適合自己的方式，該直走就直走，想轉彎就轉彎，
只要腳步輕盈，快樂上路，就是最有價值的人生。

許多人爲了追求符合理想的生活，按照計劃一步步地往前進，然而，很多時候當他們終於走到最後一步時，才驚覺自己不過是繞了一圈，去尋找身邊早就存在的東西而已。

人生路程如何走，其實沒有絕對正確的途徑，一切只是取決於行動的價值觀。有些人認爲，要在一定的後盾下，才能眞正的享受生活；有些人則是活在當下，今天擁有什麼，就過怎樣的生活。即使終點都是同一個，過程中所獲得

的感受卻是截然不同的。

重要的是，不要後悔自己所選擇的途徑，並且要能辨識自己尋找的東西，是否走別條路也可以到達目的地。想讓自己的人生過得更圓融，必須全盤考量評估之後才採取行動。

在一個風和日麗的下午，一位漁夫將魚線上餌，丟入水中後，便懶洋洋地躺在河邊。他不時釣起一條條銀色鯉魚，然後又重複著同樣的動作，偶爾吃吃手邊的三明治外加一罐汽水，在溫暖的太陽下吹著涼風打發時間。

當他正將一條鯉魚拉上岸時，身邊走來一個穿著講究的商人。打量漁夫一陣子後，商人開口說話：「你爲什麼不一次多放幾條線呢？」

「什麼？」漁夫疑惑地問著商人。

「一次多放幾條線，就可以釣到更多魚，不是嗎？」商人告訴漁夫。

漁夫頭也沒抬，繼續手邊的收線工作：「要那麼多魚幹什麼？」

商人對漁夫的反應感到吃驚：「可以拿去賣啊！」

然後，商人開始說起他的經銷之道：「要是有很多魚，就能拿去賣，賺進一大筆錢，然後開家魚店。有了一家店，就可以開第二家、第三家，僱用更多人幫忙，最後還可以開魚貨批發市場，將魚賣到全國，甚至可以買艘大船，到外海捕魚，增加魚貨種類。」

「到時候你就是個富翁啦！」商人像做了場美夢般，下了結論。

漁夫喝了一口汽水，面無表情地說著：「有了錢以後呢？」

商人聽了這句反問差點跌倒：「當你成了有錢人，想做什麼就做什麼，再也不用擔心怎麼過日子，你可以整天無憂無慮地躺著，甚至可以輕輕鬆鬆地釣魚打發時間。」

漁夫放下汽水，抬起頭微笑看著商人：「我現在就在做你所說的事！」

漁夫所要的，只是一種屬於自己的悠閒生活，至於錢財的多寡，對他而言並不重要。當然，商人所說的也沒有錯，有了錢，的確可以過自己想要的生活，而且保障後半輩子即使釣不到魚也不用擔心餓肚子。

不過，世事的變化總是難以預料，沒人可以擔保未來的發展能按照自己編排好的劇本進行。

當你正汲汲營營地追求任何東西時，不妨先停下腳步思考片刻，那個東西能給你帶來什麼？是不是你所想要的？

當你在做某件事時，可以有意識地進行，也可以在無意中達成。你只須選擇一種適合自己的方式，該直走就直走，想轉彎就轉彎，只要腳步輕盈，快樂上路，就是最有價值的人生。

生活處處見智慧，知識時時可積累

學習不僅來自書本，除了讀有字的書，也要讀無字的書。從生活中去吸取經驗，才能讓自己的視野更寬廣。

希臘哲學家柏拉圖有一句名言：「知識是塑造高等人類的要素。」許多偉大事情的完成，都以擁有知識爲根本，知識的累積則是學問結成的果實。學問是永遠不停止的進步與學習，任何人只要有一顆眞誠願意學習的心，那麼他的天賦跟偉大的人其實沒有什麼差別。

學習，就像耕田一樣，不管原本的土壤有多麼肥沃，如果不去翻土、播種，不勤於耕種，就不會有收成的一天。

每個人都需要學習，從學習中才能得到更多東西，改變自己的命運。

迪士尼樂園設計師之一——世界級建築師格羅培斯，當年在迪士尼樂園即將開放前，仍然沒有替各景點間的銜接道路想出一個具體的方案，那時他心裡十分焦急，深怕趕不及開幕時間。

當時，巴黎正好舉辦慶典活動，當活動結束後，煩惱不已的他決定到鄉間走走，放鬆情緒，看看能不能找出靈感來。司機駕著車開往地中海，格羅培斯一路上看著汪洋的海景，腦裡仍是一片空白。

汽車開入法國南部的鄉間公路，道路兩旁滿佈的葡萄園，是當地農民賴以維生的農作。一路上空空蕩蕩，只有一片又一片的果園。當車子彎進一座小山谷時，出現在眼前的是一輛輛停在路旁的汽車，而且爲數不少，格羅培斯感到很好奇，請司機停下車來，並走上前探究原因。

原來，一群人在這裡下車是爲了一座無人看守的果園。

這座果園的主人是一位老太太，因爲年事已高，無力處理水果買賣事宜，因而在路邊放置一個小箱子，並豎立一個牌子，上面寫著：「只要投入五法郎，你就可以帶走一籃葡萄。」

沒想到這方法卻吸引了很多人前來，因爲遊客一方面可以選擇自己要哪一串葡萄，另一方面又可以享受田園之樂，於是在這條綿延百里的葡萄產區，老太太的葡萄總是最早賣完的。

格羅培斯在箱子裡投入了五法郎，走進葡萄園，挽起袖子，開心地摘了一串又一串的葡萄，葡萄裝滿一籃後，才心滿意足地離去。

一回到住所，格羅培斯馬上拍了一封電報給迪士尼樂園的施工單位：「灑上草種，提前開放。」

原本預定半年後才開放的迪士尼樂園開始營業，這會兒讓大家都摸不著頭緒，原本還在日夜趕工擔心會趕不上開幕，如今不知何故卻提早結束工程？格羅培斯笑笑地告訴大家，他有自己的考量。

半年後，草地上被踩出許多小徑來，這些小徑有寬有窄，有大有小，自然地遍佈在園區裡。第二年，格羅培斯要工人按照這些踩出來的痕跡鋪設人行道。一九七一年在倫敦國際園林建築藝術研討會上，迪士尼樂園的路徑設計被評爲世界最佳設計。

這位世界級的設計師從一位經營果園的老婆婆身上得到靈感，學習她面對困境時的態度，改變買賣方式來解決難題。

學習不僅來自書本，除了讀有字的書，也要讀無字的書，從生活中去吸取經驗，才能讓自己的視野更寬廣。

人生下來，再簡單的動作都需要經過學習與模仿。學習是終生的，並不會因爲離開校園而停止。不過，學習之時必須心態柔軟，學習之後必須靈活運用；如果光讀死書，卻不會活用學問，那麼一個書呆子比愚人還不如。

我們要立志當一個乾燥的海綿，努力吸收學問，積極充實自己，才能讓自己的人生更加飽滿、圓融。

加深印象，才會留下好印象

如何成功抓住人們的目光，是行銷宣傳的最大挑戰。利用重複來加深印象，利用反差來製造驚奇，都是引人注意的好方法。

人生過程中，所有發生在我們身上的順境或逆境，其實都隨著我們面對的態度在改變。態度正是改變不如意際遇的關鍵因素，遇到層出不窮的各種障礙，如果你願意試著改變，就會有不一樣的發展。

人生如此，個人或產品的行銷也是如此。

在這個「不行銷就死亡」的年代，有很多人爲了宣傳，花費大把銀子砸廣告。只不過，宣傳的效果不見得一定和花費呈正比，有時候宣傳之所以成功，

只在於展現特色，成功引起人們的注意，而且留下深刻印象。

有一天尼古拉因為急事，不得不招了一輛計程車，由於倫敦的計程車費非常昂貴，以他平常的習慣，是絕對不可能這麼做的。

一坐上車，司機留了個絡腮鬍，怎麼看都讓尼古拉覺得眼熟。後來他環視了一下車廂內的環境，才發現前座掛了一小幅畫像，裡頭竟是社會學家卡爾．馬克思。尼古拉這才知道，他之所以會覺得司機眼熟，就是因為司機的模樣長得和馬克思極為相像。

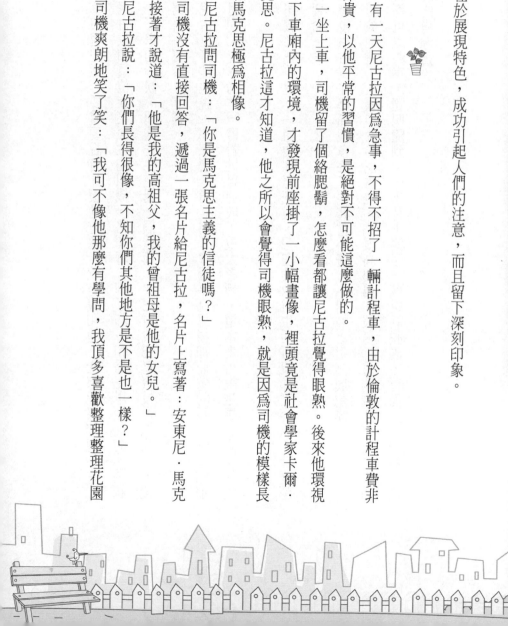

尼古拉問司機：「你是馬克思主義的信徒嗎？」

司機沒有直接回答，遞過一張名片給尼古拉，名片上寫著：安東尼．馬克思，接著才說道：「他是我的高祖父，我的曾祖母是他的女兒。」

尼古拉說：「你們長得很像，不知你們其他地方是不是也一樣？」

司機爽朗地笑了笑：「我可不像他那麼有學問，我頂多喜歡整理整理花園和開車四處兜風，要眞要說有什麼地方像，就是我和他一樣都愛喝啤酒。」

尼古拉和這位談笑風生的司機一路閒聊，聊了許多和馬克思相關的傳聞和見解。下車的時候，司機先生遞過一個錢筒，要尼古拉把車資投進錢筒裡，錢筒上寫著「資本」字樣。

尼古拉打趣地說：「怎麼，這是爲了宣揚馬克思精神而做的嗎？」他知道馬克思的《資本論》一書對世界造成了重大影響，這本書可說是馬克思思想的核心。

司機聳聳肩說：「隨便你怎麼說，想在倫敦討生活可沒那麼容易，什麼都貴得要命。」

最後尼古拉在錢筒裡多丟了些錢當小費：「謝啦！很高興認識你。」

司機則遞了一張卡片給尼古拉：「很高興爲你服務，這個電話一天二十四小時都可以叫車，隨叫隨到。」卡片上寫了一個電話號碼，背面則是卡爾．馬克思的肖像畫。

瞧！這不就是一個很成功的廣告。下一次，難得搭計程車的尼古拉又得搭車時，勢必很直接就想起這位自稱馬克思後人的司機先生。

在整個接送的過程中，這名司機一再地將自己和馬克思作連結，以引起尼古拉的好奇，也一再與尼古拉攀談馬克思相關的話題，儼然把馬克思當作事業的商標，可說是相當高明的手法。

我們的大腦一天要關注並處理許許多多的資訊與訊息，如何成功抓住人們的注意力和目光，就是行銷宣傳的最大挑戰。

利用重複來加深印象，利用反差來製造驚奇，這些都是引人注意的好方法；最後，記得不要強迫推銷，把選擇權交到顧客的手中，更是留下好印象的最高指導原則。

看透事理，才不會被謊言蒙蔽

為自己的好處而說謊是欺詐，為別人的好處而說謊是蒙騙，懷有害人之意而說謊是中傷，這是最壞的謊言。

莎士比亞在《亨利四世》這齣戲劇裡寫過這麼一段話：「謠言會把人們所恐懼的敵方軍力增加一倍，正像回聲會把一句話化成兩句話一樣。」

謠言確實是個不容輕忽的東西，除非你能完全置之不理，不被影響，否則謠言一旦傳了出來，就好像在人的心裡種下懷疑的種子，當猜忌這個養料供給夠充足，事情可能就會不可收拾。就如同錢鍾書在《圍城》一書中所說：「兩個人在一起，人家就要造謠言，正如兩根樹枝相接近，蜘蛛就要掛網。」

謠言是如此容易出現，就像蛛網一樣，讓我們不可能完全逃開，就算毫不猶豫地衝了過去，也不免會被搞得灰頭土臉。

解決方法，可能就要聽聽英國詩人雪萊的說法，他說：「對別人的一切，不要信以為真——有人可能為了圖利而欺騙你們。」

戰國時代，有一回，魏國的太子必須被交換到趙國都城邯鄲去作爲人質，魏王決定派遣大臣龐蔥陪同前往。龐蔥一直受到魏王重用，但他很擔心此行前去趙國之後，會有人在背後說他壞話，使魏王不再信任他。爲此，臨行時特地到王宮裡拜見魏王，有點憂愁地問道：「大王，如果有人向您稟報說，街市上有老虎正在逛大街，您相信不相信？」

魏王立刻回答說：「我當然不相信。」

龐蔥接著又問：「如果，又有第二個人也向您稟報說，街市上有一隻老虎在閒逛，您相信不相信？」

魏王遲疑了一下說：「我可能將信將疑。」

龐蔥緊接著問：「要是有第三個人也向您報告說，街市上出現了一隻老虎，這時您相信不相信？」

魏王邊點頭邊說：「既然有三個人這麼說，那麼我可就不得不相信了。」

龐蔥上前分析說：「但是大王，街市上沒有老虎，這是明擺著的事，不過有三個人說那裡有虎，便眞的有虎了。如今我陪太子去邯鄲，那裡離開我們魏國的都城大梁，比王宮離街市要遠得多，再說背後議論我的，恐怕也不止三個人，希望大王今後對這些議論加以考察，不要輕易相信。」

魏王聽了回答：「我明白你的意思了，你放心陪公子去吧！」

龐蔥去趙國不久，果然有人在魏王面前說他壞話。剛開始魏王不信，後來說他壞話的人多了，魏王竟然相信了。等龐蔥從邯鄲回來後，便果眞失去了魏王的信任，再也沒被魏王召見。

龐蔥擔憂自己身在趙國，一旦有人在魏王身邊進讒言，自己沒有辦法馬上辯駁，如果次數一多，魏王可能會信以爲眞，而對他有所猜疑，所以他先以

「三人成虎」的故事勸說，希望魏王能明察秋毫，不妄下斷言，可惜遠水救不了近火，龐蔥果然遭到誣陷而受到魏王猜疑，漸漸疏遠。

所謂「謠言止於智者」，這是希望大家不要道聽途說，以訛傳訛，因爲謠言的散佈實在太過容易，而且有時謠言聽多了反而以假亂眞，大家竟然分辨不出何者爲眞，何者爲假了。這也就是爲什麼以前的人老愛說「眼見爲憑」這句話，因爲如果不是親眼看到，實在也難以確定到底事情的眞相是什麼，到底誰說了眞話，誰又是在唬弄大家。

盧梭把謊言分成了好幾類：「為自己的好處而說謊是欺詐，為別人的好處而說謊是蒙騙，懷有害人之意而說謊是中傷，這是最壞的謊言。」

我們的生活周遭可能就充斥著無數的謊言，能夠秉持著清明的理智去看透事理，就不至於被謊言所蒙蔽。如果我們不希望自己遭到奸詐小人蒙蔽，或者受到有心人士的謠言鼓動，那麼或許第一要件就是不要相信未經證實的傳言。

9. PART

化恨意爲成功的動力

心中懷有怨念不一定是不好的事，
不必急著將它磨滅。
只要那股恨意不會傷害自己和他人，
就讓恨意化為動力。

坦白看法才是有效的解答

把自己的想法正確、真誠地傳達給他人，讓兩個不同的看法融為一體，用心留意對方的感受，很多問題都能迎刃而解。

一個計劃形成的時候，最重要的就是要有人接受、賞識，並且加以支持，這個計劃才有實踐的機會。

但是，並非每一件事都能如此順利，有時可能會因爲一些內在、外在的因素而讓計劃胎死腹中。

不過，即使有再多阻礙計劃發展的原因，只要不放棄希望，針對問題點找出解決之道，必定能有解決的方法。

第二次世界大戰期間，英國首相邱吉爾為了向美國政府請求一批軍火援助而訪美，但是美國總統羅斯福卻舉棋不定，遲遲無法下決定，邱吉爾因此悶悶不樂地回到旅館。當他將身上的衣服脫光，叼著大菸斗跳進澡盆，準備好好地泡個澡時，羅斯福突然闖了進來。

一位國家元首面對另一位赤身裸體的國家元首，場面自是非常尷尬。

這時候邱吉爾急中生智，不在意地聳聳肩說：「瞧，我這個大英帝國的首相對你可是沒有絲毫的隱瞞啊！」

羅斯福聽了，忍不住捧腹大笑。邱吉爾的機智妙語，不僅掩飾了自己一絲不掛的窘態，還含蓄地表示他在政治立場上也是開誠佈公、毫無隱瞞的。

這不僅恰到好處地打破了僵局、緩和了氣氛，而且贏得了羅斯福的好感和同情，也因此讓會談的情況發生了戲劇性的變化。在下一輪會談中，羅斯福欣然同意英國的請求。

甘迺迪在美國總統任期內，將兄弟博比安排到司法部長的位子上。當時引起了各界的抗議，社會公衆認爲他懷有私心。每個人都等著看甘迺迪如何爲自己辯解，給大家一個合理的解釋。

在記者會上，衆人皆嚴肅地等待甘迺迪發表看法，甘迺迪卻輕鬆地說：「任命博比爲司法部長，我不認爲有什麼不妥之處。」他微笑地停頓了一下，「至少在他個人開業之前，能讓他有點法律經驗。」

正當大家無法完全接受這個說法時，他接著說：「事情是這樣子的，早晨四點鐘，我把頭伸出窗外呼吸新鮮空氣，向四周張望了一下，然後自言自語地說，就任命博比吧！」

甘迺迪發揮了美國式的幽默，坦白地告訴新聞界他是如何做出這項頗具爭議的任命，進而解除了記者們的武裝。

對於猶豫不決的羅斯福，邱吉爾採用「坦蕩蕩」的攻勢，利用毫無掩飾的眞心，化解了羅斯福的疑慮。

而「內舉不避親」的甘迺迪，則用積極、正面的心態，幽默地面對這項決定，而非躲躲藏藏地掩蓋事實。這樣反而更能讓人接受，證明自己所做的並非壞事，只是讓一個「適任」的人擔任其職，不是公器私用。

一味迴避問題只會造成反效果，窮追猛打則讓人退縮。最好的方法是，洞悉他人的眞正心意，加強對方的心理建設，設法讓對方認同且贊成自己的計劃。

在生活上，難免遇到與自己意見不合的聲音，或者得不到別人的認同。若能把自己的想法正確、眞誠地傳達給他人，用自己的觀點影響別人，讓兩個不同的看法融爲一體，並且用心留意對方的感受，很多問題都能迎刃而解。

單純的態度讓人人都幸福

能活在世上就是一件美好的事。少一點「用心」，多一點快樂，想要有幸福的人生，只要有一顆單純的心就能做到。

在喜憨兒的臉上，我們永遠看到愉快的笑容，即使外界質疑相關機構給予他們的薪水過低，是一種剝削的惡劣行爲，但是對他們而言，身爲一個「有用」的人，就是一件快樂的事。然而，他們可能從來不知道，他們憨直的笑容也是許多人快樂的來源。

反觀那些智力正常發育的孩子們，卻缺少了這種無憂快樂的童年，成爲所謂的「問題兒童」。

這些「問題兒童」不一定來自貧苦家庭，其中有許多是出自生活富足、衣食無缺的中上階層。但是，不論是貧苦的「問題兒童」，還是富裕的「問題兒童」，在他們的心中都有著相同的感受——家中缺乏溫暖。

因爲現代社會中龐大的生活壓力，使得許多父母忙得沒有心力和時間去親近、關愛孩子，而造就了許多憂愁的年輕臉龐。

一九二三年的冬天，戴高樂擔任法國陸軍的少校營長時，第三個孩子出生了，但是當時傳來的卻不是希望和歡樂的消息，而是一種無言的痛苦，因爲新生的女兒安娜是個先天缺陷的低能兒。

望著這個不幸的孩子，戴高樂夫婦既悲傷又歉疚，從此他們在安娜身上傾注了加倍的關愛，要讓她感受到人間的溫暖。在兵營裡，戴高樂是不苟言笑、冷峻嚴肅的指揮官，但是回到家，一看見安娜單純的笑容，他就會忘掉自己刻意保持的嚴峻，像個孩子般唱歌、跳舞就爲了逗安娜開心。

也因爲夫婦倆抱持著共同的心願——傾盡全力照顧安娜，讓兩人的感情更加親密。他們小心翼翼地保護著安娜，就怕自己在安娜之前離開人世，使她無所依靠。也由於安娜的殘疾，他們更加同情受疾病折磨的孩子，總是在忙碌之中抽空關懷他們。

一九四六年，戴高樂辭去了職務，開始著手寫回憶錄。在夫婦倆商量下，決定把回憶錄的大部分版稅作爲殘疾兒童基金，基金會以安娜爲名。他們還以基金會的名義設立兒童保育院，戴高樂夫婦感到十分寬慰，他們再也不用擔心自己死後沒有人可以照顧安娜，可以了無牽掛了。

兩年後，安娜因爲肺炎離世，她的遺體安葬在寧靜的科隆貝教堂村。戴高樂握著他妻子的手在她的墓前傷心落淚，默哀了一陣以後，喃喃說道：「現在，她跟別人一樣了……」戴高樂逝世後，人們依據他生前的願望，將墓地簡單地設在安娜的墓旁。從此，這位慈父日日夜夜守護著他的愛女。

如果家中有個「與衆不同」的孩子，通常會增加一對淚流滿面的父母，感嘆老天爲何要給孩子和自己這樣的折磨。

的確，面對這樣的孩子，必須花費更多的心力來照顧。

但是，他們不見得就是「包袱」。只要過適當地引導，他們也有照顧自己生活起居的基本能力。而且，他們天生單純並且不受到世俗的影響，他們沒有心機、與世無爭，長保同樣的笑容，這不也是一種幸福嗎？

就如同工作時必須背負著沉重壓力的戴高樂，安娜的單純反而是他的快樂來源。面對女兒，他可以完全放鬆、眞心相對。

人們都喜歡親近開朗、有溫度的笑臉。就像沐浴在和煦的陽光裡，可以讓人忘卻一整天的疲憊以及生活的煩惱。其實，如果能夠卸下臉上嚴苛的面具，換上一張笑容滿面的臉蛋，就能愉快過日子。

身爲一個人，能活在世上就是件美好的事。每天將愉快寫在臉上，少點「用心」，多點快樂，想要有幸福的人生，只要有顆單純的心就能做到。

唯有精神能夠長存

歷史偉人的精神永存，我們得以藉由那些偉大的精神力量，隨時警惕、鼓勵自己，遇到挫折時，能夠從中尋求安慰。

曾經有個修行者在節目中討論「輪迴」的話題時，這麼說：「東方人死後大都會下地獄。」

當主持人問及原因時，他回答，東方人習慣在人死後拜「腳尾飯」，和燒紙錢、紙樓房、紙汽車等等給往生者。這代表死後「需要」這些東西，因此無法上天堂，因爲在天堂是不需要這些的。

是否眞有「輪迴」這件事，在此姑且不論。只是，人本來就是依附著一具

臭皮囊過日子，百年之後也只剩下這副空殼，眞正能夠長久留在人們心中的，無疑是逝者的精神。

英國著名作家托馬斯．哈代在一九二八年離開了人世。爲了緬懷這位傑出的作家對英國文學發展所做的貢獻，人們決定把他葬在舉世聞名的倫敦「詩人角」——西敏寺教堂。

把哈代葬在這裡是再合適不過的，因爲這個教堂裡有「英國詩歌之父」喬叟，以及著名詩人詹森、白朗寧，和小說家狄更斯等一代英國文豪在此長眠。然而，哈代生前的遺願卻交代著，他死後要安葬在自己的故鄉——英格蘭南部的多塞特郡。那裡是他文學創作的源泉，不少作品都是以故鄉爲背景，那裡提供他創作的靈感。

經過一番討論，各執己見的雙方人馬最後終於找出一個他們認爲的最「好方法」：把哈代的遺體安葬在西敏寺教堂，心臟則留在故鄉。

按照計劃，哈代的遺體如期運往倫敦。當多塞特郡的人們要安葬作家那顆寶貴的心臟時，卻發現它竟不翼而飛了。

負責看守心臟的農夫說，他將心臟放在窗台上的一只白色瓷盤裡。但是眾人找遍了每個角落，就是沒有心臟的蹤影。

正當所有人都焦急不已時，一隻花貓跳上窗台，懶洋洋地整理身上的毛，一邊還用腳掌清理嘴邊的食物殘渣。這時候大家才明白，原來，哈代的心臟已進了貓的肚子裡了。

大文豪的心臟，最後竟葬在貓的肚子裡，眞是一件諷刺的事。

喜歡一個人、一件事物，不代表就一定要擁有。例如，追星一族爲了心中的偶像，不惜付出一切，如此狂熱讓人嘆爲觀止，然而爲了表示支持，不考量自己的能力揮霍一切、舉債度日，原本支持偶像的美意落得如此下場，想必也不是支持的對象所樂見的。

量力而爲，精神上的鼓勵，也是一種動人的支持，因爲精神的力量，比外在任何刺激都要強大。

許多歷史偉人在辭世多年後，仍然令人難以忘懷，這就是一種精神永存的表現。我們得以藉由那些偉大的精神力量，隨時警惕、鼓勵自己，遇到挫折時，能夠從中尋求安慰，激勵自己再接再厲。

或許很多人對於未來還是茫然無所知，找不到追尋的目標，若是這樣也不需要感到驚慌，只要謹記著，懷抱著對未來的使命感，就能紮實踏出每一步。

化恨意為成功的動力

心中懷有怨念不一定是不好的事，不必急著將它磨滅。只要那股恨意不會傷害自己和他人，就讓恨意化為動力。

小玉在班上是個不起眼的孩子，成績普通，看不出有什麼可取之處。老師不重視她、同學們看不起她，一致斷言她一定考不上好學校。可是她卻跌破大家的眼鏡，順利考上第一志願。

在不被了解的情況下，她總是一個人默默努力。結果，她打破大家的預言，拼過班上最被看好的同學。

某次她和好友回到母校，遇見昔日當著大家的面侮辱她的老師。不同於其

他人對老師的熱絡，她只是冷漠地點頭問候。

事後問她爲何不感激那位老師給她的「激勵」，她回答：「我不認爲有感激的必要。就是因爲對他的那股恨意，才能支持我走到今天。」

《茶花女》的作者亞歷山大．小仲馬，有一位名人父親，也就是法國浪漫主義文豪——大仲馬。

由於小仲馬是大仲馬和一位裁縫女工所生的私生子，一直到小仲馬七歲之前，大仲馬都不願意承認他的身分。後來雖然認了他，但是並不承認小仲馬的母親是自己的妻子。

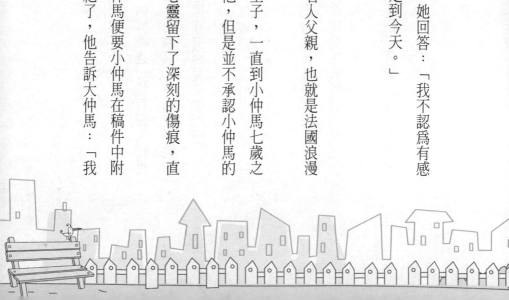

私生子的身分，讓小仲馬從小吃盡苦頭，也在心靈留下了深刻的傷痕，直接影響他成年後的創作。

起初，小仲馬寄出的稿子經常被退稿。當時大仲馬便要小仲馬在稿件中附上一張紙條，說明他是自己的兒子。但是小仲馬拒絕了，他告訴大仲馬：「我不想坐在您的肩頭上摘蘋果，那樣摘來的蘋果沒味道。」

不僅如此，小仲馬還取了十幾個不同姓氏的筆名投稿。

一八五八年，小仲馬寫了一齣劇本《私生子》，內容敘述一位有錢人誘惑一個女工，欺騙她的感情。當有錢人得知女工懷孕後，便拋棄了她。後來他的私生子長大後有了名氣，他才想讓兒子認祖歸宗，結果卻遭到兒子的拒絕。

劇本結尾有這樣兩句台詞：

父親：當我們兩個人獨處時，你一定會允許我叫你「兒子」的。

兒子：是的，叔叔！

這兩句台詞充分表達出兒子得知「叔父」就是自己的生父時憤怒的心情。當這部劇本即將公開演出時，劇院老闆找了小仲馬，希望他能去掉這個結尾，改成父子熱烈擁抱的大團圓結局。

小仲馬拒絕了他的要求，並冷冷地說道：「我就是爲了最後這兩句台詞，才寫這個劇本的。」

法國文豪羅曼羅蘭曾經寫道：「一個勇敢而率真的靈魂，能用自己的眼睛關照，用自己的心去愛，用自己的理智去判斷，不做影子，而做人。」

小仲馬將對於父親的不滿，藉由戲劇來傳達。這樣的方式，不但是一種藝術表現，更可以抒發情緒，比起正面衝突，實在好太多了。

曾經體會過心酸的人，才會對人生產生自信。只要爬得起來，明天依舊是燦爛的一天。靠自己的力量走出困境的人，往往可以發現新的世界。

心中懷有怨念不一定是不好的事，不必急著將它磨滅。只要那股恨意不會傷害自己和他人的身心，讓「恨意」化爲「動力」又有何不可？

適度休息，才不會不堪一擊

或許現實讓我們無法做到放慢腳步，但是至少可以在休息時間好好呵護自己，讓身心休息，別讓靈魂追不上疲憊的身體。

爲了追上生活的腳步，我們總是不停往前走，連跑帶跳，讓自己累個半死。好不容易熬到休息時間，心裡惦記著的，還是那堆尚未完成的事情，下一步該怎麼做、還有什麼要交代……就算身體停下來，腦袋的思緒仍然不停往前跑，忘了腦袋也該休息。

有人懂得忙裡偷閒，讓自己趁機休息。有人該放鬆時卻不放鬆，煩惱著一堆雜事。如果休息是爲了走更長的路，試問這兩者，誰會有較好的表現呢？

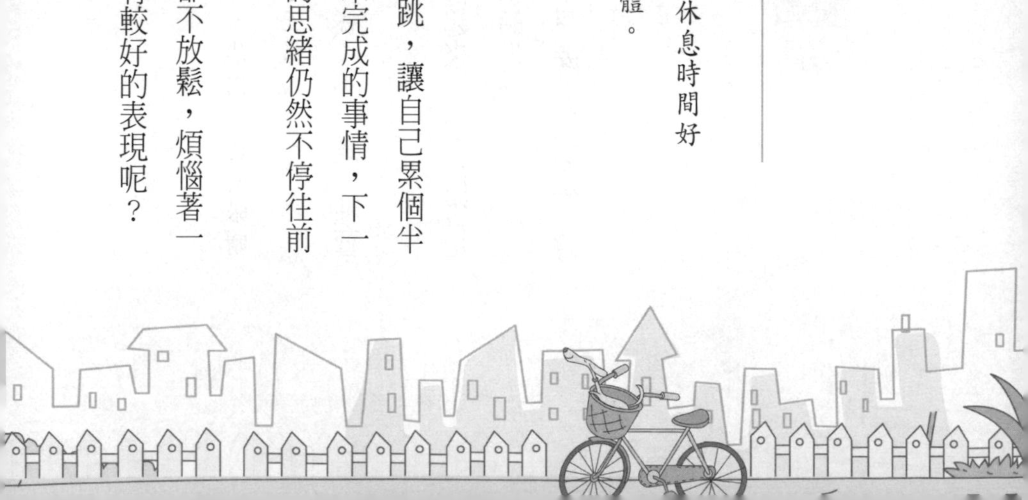

有一個探險家到南美叢林中，尋找古印加帝國文明的遺跡。他僱用幾個當地人作爲嚮導和挑夫，一行人浩浩蕩蕩朝叢林的深處走去。

那群土著的腳力過人，儘管背著笨重的行李，仍是健步如飛。在整個隊伍的行進過程中，總是探險家先喊著需要休息，讓所有土著停下來等他。

探險家體力雖然跟不上，但仍然希望能夠早一點到達目的地，實現一生的願望，好好研究一下古印加帝國文明的奧秘。

到了第四天，探險家一早醒來，便立即催促挑夫打點行李，準備上路。不料，領導土著的翻譯人員卻拒絕行動，讓探險家勃然大怒。經過詳細的溝通，探險家終於了解，這群土著自古以來便流傳一項神秘的習俗：趕路時竭盡所能，拼命地向前衝，但每走上三天，便需要休息一天。

探險家對於這項習俗好奇不已，嚮導很莊嚴地回答探險家的疑惑：「那是爲了讓我們的靈魂能夠追得上趕了三天路的疲憊身體。」

探險家聽了嚮導的解釋，心中若有所悟。沉思了許久，終於展顏微笑，心裡深深地認爲，這是他這一趟旅行當中，最大的收穫了。

多數人習慣了忙碌的生活，一停下來就會感到恐慌。就像一個人在都市生活久了之後，到了步調較緩慢的小鎮，會有適應不良的現象發生。

因爲已經習慣了緊繃著身體，鎮日忙碌的生活，一旦停下來，就會突然失去方向，不知道自己該做些什麼，這是非常可悲的一件事。

人不是機器，是一個生命，不該連靜心的時間都沒有。

或許現實讓我們無法做到放慢腳步，但是至少可以在休息時間好好呵護自己，讓身心休息，別讓靈魂追不上疲憊的身體。

十九世紀美國詩人溫德爾說過：「休假時，無法開懷玩樂的人，也無法盡心工作。」該休息時好好休息，該趕路時拼命趕路的人，才能像顆充滿電的電池，持久、耐用。

因為不滿足，才有空間進步

滿足是一種快樂，但是，自欺欺人的「滿足」則是一種消極的逃避行為。唯有正視「不滿」的聲音，才能得到真正的滿足。

有人向一位事業有成的人詢問成功之道，得到了這樣的回答：「成功只有一個秘訣，那就是『發現需要』。」

因爲眞正的好工作都是在「需要」的地方才會出現。

如果一個人別無所求，對於一切都感到滿意，甚至到了自滿的程度，就無法再接受新的事物，自然也不會更進一步。

國王添了一個漂亮的王子，在孩子洗禮的那一天，有十二個仙女受到上帝的指示前來祝賀，每一個仙女都帶來了珍貴的禮物。

第一個仙女帶來的禮物是智慧，國王很高興地收下了。第二個仙女帶來的是珍寶，國王同樣高興地收下了。第三個帶來的是力量，第四個帶來的是財富，第五個帶來的是英俊，第六個帶來的是情感，第七個帶來的是健康，第八個帶來的是朋友，第九個帶來的是愛情，第十個帶來的是知識，第十一個帶來的是關懷，國王都十分高興地一一收下了。

但是到了第十二個仙女的時候，國王楞住了，因爲她帶來的禮物是「不滿」。國王認爲，他的兒子什麼都不缺，要什麼有什麼，怎麼能夠讓他有不滿呢？他毫不猶豫地拒絕了第十二個仙女的禮物，甚至對這位仙女不太客氣。

隨著歲月的流逝，王子漸漸長大，繼承了王位的他英俊漂亮，性情溫和，身體健康。但是，在他的心靈裡，卻沒有那種因爲不滿而想追求未來的雄心大志，沒有因爲不滿而產生企圖建功立業的抱負。

他對於已經擁有的，什麼都滿意。對自己的國家什麼都滿意，對於再平庸的大臣，也沒有什麼不滿的。

他從來都不想著手改革創新，也不想勵精圖治。久而久之，因爲他每一天都活在滿意的狀態中，大臣們也變得不思進取。漸漸地，他的國家窮困沒落了，淪落爲一個落後的國家，不久就被鄰國併吞了。

在他的國家被消滅的時候，老國王還沒死。面對亡國的災難，他突然醒悟，原來他把上帝送給兒子最珍貴的禮物拒絕了。

「不滿」這個禮物對於兒子來說才是最珍貴的。

王子之所以失敗，是因爲他太過「知足」，不認爲生活中有什麼讓自己不滿意的地方。因此，他看不到缺點，聽不到「不滿」的聲音，當然也不想有任何改變，國家自然無法進步，甚至走向滅亡。

因爲「不滿」，才能發現「需要」，它的積極意義就是讓人動腦，思考下一步要怎麼發展。

滿足是一種快樂，但是，自欺欺人的「滿足」則是一種消極的逃避行爲。唯有正視「不滿」的聲音，找出改變的方法，才能得到眞正的滿足。

有「需要」，不代表「不滿足」，反而還是尋求進步的偵測器。透過「不滿」，才會找到可以改善的地方、可以進步的空間。許多成功的行業，不也是起於人們的「不滿」而產生的「需要」嗎？

心有旁騖就容易失誤

心情不好的時候，不但容易遷怒他人，也會影響自己工作的情緒，許多失誤都在此時發生。

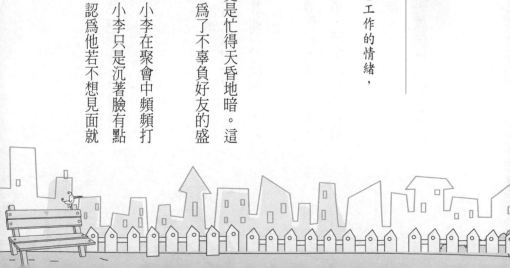

小李是個忙碌的上班族，由於剛接下一項企劃案，更是忙得天昏地暗。這時，久未謀面的好友突然打了一通電話，想找小李聚聚。爲了不辜負好友的盛情，小李想盡辦法空出一點時間與朋友見面。

但由於多日睡眠不足，加上滿腦子都是工作的事情，小李在聚會中頻頻打哈欠，還常常不自覺地神遊到工作裡。朋友關心問候時，小李只是沉著臉有點不耐地說沒事。結果這次聚會後，朋友對小李非常不滿，認爲他若不想見面就直說，何必那麼勉強，兩人之間因此產生誤會。

在疲憊不堪或身體狀況不佳的情況下，很容易為了一點小事就心浮氣躁，這時候最容易發生無心的過錯。

阿凡提的機智聞名鄉里，是個讓人敬佩的智者。有一次，他的一位好朋友因為替人打抱不平而被縣官捉去坐牢。他整天苦思冥想著該如何營救朋友，完全沒有注意到身邊的大小事。

午後，阿凡提的老婆塞給他一個油碗和一串銅錢，要他幫忙上街去打油。阿凡提手裡拿著錢和碗走出門，一路上還是一直想著那件事，連鄰居和他打招呼都沒有反應。

走進油坊後，他將錢和碗拿給掌櫃，靜靜地在旁邊等待。

掌櫃的把油倒滿了整碗，但還剩下一點再也倒不進去，就問阿凡提打算怎麼做，可是阿凡提完全沒有回應。

掌櫃連問了幾聲都一樣後，乾脆直接走上前推他，再問：「阿凡提，就剩這點兒油怎麼辦呀？」

阿凡提被打斷了思緒，一時心急就把油碗一翻，指著碗底說：「就倒在這個碗裡吧！」人們見阿凡提把油潑了一地，哄然大笑起來，可他仍然傻頭傻腦地指碗底說：「朝這兒倒啊，倒啊！」油坊掌櫃只好忍住笑，把那一點兒油倒進碗底的淺坑裡去。

回到家中，老婆一見不禁愣住了，連忙問他：「怎麼一串錢，只買來這麼一點點的油呀？」

阿凡提答道：「不，這邊還有哩！」說著，他又把油碗翻過來，就這樣連碗底的那一點兒油，也灑掉了。

老婆又氣又好笑地說：「人家稱讚你是世界上最聰明的人，其實你是個天字第一號大傻瓜啊！」

聰明人也會做出十分糊塗的事情，特別是心不在焉的時候。就連阿凡提這樣一個聰明絕頂、自我控制力絕佳的人，都會受到情緒的影響，鬧出笑話來，更何況是普通人呢？

心情不好的時候，很容易將內在不常顯現的一面表現出來。這時候不但容易遷怒他人，也會影響自己工作的情緒，許多失誤都在此時發生。

平常善於掩飾的人不希望被他人發現自己的「脆弱面」，爲了避免這種情況發生，情緒低落的時候，最好減少與他人接觸的時間，免得做出日後後悔的事，造成情緒再次低落。

若因爲私人情緒，讓不自覺浮現的臭臉影響了旁人，即使像小李爲了朋友特地抽出時間的「美意」，也會成爲「惡意」。倒不如說明原委拒絕約會，下次才能帶著輕鬆的心情見面。

用簡單的問候增進人與人的交流

一個簡單的小動作，可以把關懷的感覺傳達到對方心裡，那股溫暖的心意可能會影響對方一輩子。

曾有個汽水廣告，講述一位年輕人放學回家，直接走過坐在客廳的父親面前，一聲不響地鑽進房間玩線上遊戲。父親一句話也沒說，只是起身打開電腦。當兒子打敗怪物成功歡呼時，房外也傳來歡呼的聲音，兒子才發現原來並肩作戰的是自己的父親。

含蓄的人不擅長親情間的交流，總是默默付出關心，但是這樣的默默關懷，卻不一定能傳達到對方的心中。有時候，簡單的一句問候，看似微不足道，卻能夠溫暖彼此的心。

一名法國工程師漢斯剛結婚不久，就被公司臨時分派到瑞士出差一個月。在機場，他依依不捨地吻別了新婚妻子，就登上飛機離開了。

幾個禮拜後，在耶誕節前幾天，漢斯買好返程機票，匆忙趕到電報局打算發一通電報，告訴妻子自己的返程日期。他擬好電報文，交給一位小姐說道：「請幫我算算總共要多少錢。」

聽到小姐告訴他應付的款項時，漢斯才發覺自己帶的錢不夠。苦惱之餘，就說：「把『親愛的』這幾個字從電報中去掉吧，這樣錢應該就夠了吧。」

「不！」這位小姐打開自己的錢包，掏出錢來對漢斯說：「我來為『親愛的』這幾個字付錢好了。做妻子的最需要從她們的丈夫那兒聽到這句話。」

英國作家威廉．科貝特一八三〇年曾到到英格蘭北部工業城鎮旅行。

每行經一處，就會有大群工人聞訊前來聽他演講。每次進出會場的時候，無數工人都熱情地搶著和他握手。

第二天，他的雙手就會腫起來，就像被棒子打過一樣。

即便如此，他還是愉快地說：「一想到這是由於工人的粗壯大手握捏而成的，這點痛楚也就變成了最大的快樂！」

日劇和韓劇中時常出現的畫面，就是在外工作一天回家的男主人，在進門時說一聲：「我回來了！」這時候家裡的女主人就會迎上前去，說聲：「你回來啦，今天辛苦啦！累不累……」之類的問候話語。

說句「親愛的」、「謝謝你」或是一個握手的小動作，雖然簡單，卻可以把關懷的感覺傳達到對方心裡；即使是一句簡單的「我回來了」，也可以讓人與人之間的互動活了起來。想增進人與人之間的情誼，就不要吝於給予一個小小的問候，在不知不覺中，那股溫暖的心意可能會影響對方一輩子。

10.

PART

遇上困境，不妨換個角度省思

跳出問題的框框，
以客觀的角度去琢磨不同的情境，
我們就能重新面對過往以為的絕境，
並找到新的出路。

別讓壓力壓扁你

順其自然，反而能讓事情順遂完成。求得太過、想得太多、標準太嚴格，多半徒增自己的壓力，不能成就任何良好的結果。

在氣球裡不斷灌氣，氣充久了，氣球便承受不了。把氣球裡的氣洩掉是個不錯的方法，但若是能將排除氣體的動作轉換成上升的動能，那麼這股能量將能得到更好的發揮。

不論身體或心理遭遇到問題與狀況，一味地逃避和推拒，抑或視而不見、刻意忽略，都只會讓問題變得更爲嚴重。

正面迎視問題，往往會是最佳的解決辦法。

有一位年輕人來到動物園，想要應徵馴獸師的工作，特別是想要待在照顧獅子的單位。這個要求很不尋常，動物園的人事主管便特別詢問他想得到這份工作的理由。

想不到，年輕人的回答令人覺得相當不可思議。

他說：「醫生說我罹患了一種神經緊張的疾病，如果再放任下去，很有可能會精神崩潰。唯一的治療方法是去找一份高度緊張的工作，讓我可以暫時忘記對其他事物的恐懼。」

就是因爲這個理由，他才會來應徵這一份在他看來最危險的工作。

經過幾番測試、面試之後，這位年輕人成了一位相當出名的馴獅師，而他神經緊張的疾病也日漸痊癒。

從這個例子來看，解除神經緊張最好的方法，就是去處理需要神經緊張才能解決的問題。當精神壓力有了恰當的抒發出口，壓力就不會造成個人身心負

面影響，反而能夠成爲一種推進的動力，讓人徹底發揮出自己的潛能。

現代的人不管想不想、懂不懂，都會蓄積不少的壓力，卻不見得知道應該要如何去排解，讓自己恢復平穩的狀態，因此產生許多心理疾病。

求好心切，是一般人都會有的反應，但是，有時候順其自然，反而能讓事情順遂完成。求得太過、想得太多、標準太嚴格，多半徒增自己的壓力，不能成就任何良好的結果，何妨用平常心看待？

歌德這麼說過：「焦急於事無補，後悔更加於事無補，前者會增加錯誤，後者會產生新的後悔。」

所以，不要對眼前的任務太過心焦，因爲毛毛躁躁反而容易亂中有錯；不要沉緬於過去犯下的錯誤，因爲把眼前工作完成才是當務之急。不要讓焦急和後悔平白無故地增加壓力，就能夠表現出應有的實力。

心中有愛，就該讓生活更精采

真正彼此關心疼愛的人，不會以死亡來牽絆對方。真心的喜歡，是希望對方活得幸福，活得快樂，不論自己是不是能夠同享。

人的生命總有盡頭。人的一生，最有意思之處，在於我們不會知道生命的盡頭在何處。或許是在遙遠的未來，或許就在下一瞬間。

既然人生有限，人與人之間相處的時間有限，那麼，爲什麼要耗費我們有限的時間相互爭吵、批鬥、排擠呢？爲什麼總將財富、物質、名利之類的事放到生活的最前端呢？

有一對老夫婦，結縭數十年，感情一直相當好。但是，在老先生病重之後，分別的時刻終於來到了。

老先生在臨終時對妻子說：「答應我一件事。」

老太太緊握著丈夫的手，說：「我答應你，什麼事都答應你。」

老先生以最後的氣力對老太太說：「答應我，妳會好好地活下去，快樂地活下去。」老太太只能含淚點頭，目送丈夫離世。

一日早晨，她站在院子裡發呆，望著一輪紅日冉冉從地面升起，看起來是如此鮮活、明亮，嶄新得如同新生的嬰兒。四周的景物都漸次地被鍍上了一層耀眼的金芒。

老太太的心被打動了，這畫面多美，那種以前每天和丈夫一同欣賞日出時的感動，似乎又重回乾涸的心靈。老太太輕輕地對自己說：「是的，我要好好地活下去，要繼續快樂地活下去。」

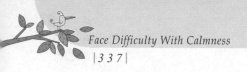

第二天起，老太太買來畫筆、畫紙，然後開始把自己的所見所聞在畫紙上記錄下來。

從七十多歲開始，過往從沒學過畫畫的老太太，日日夜夜地作畫，一直到她去世爲止，共完成了一千六百多幅畫作，畫作裡的生命力，鮮活地令人動容。她在自己的自傳中寫道：「我很快樂，也很滿足。我用我的生命去完成我的所能。生命是用來創造的，過去是這樣，未來也是這樣。」

故事中的老先生和老太太，幸運地能夠相陪走過一段好長的旅途。他們是彼此最佳的同行夥伴，一起度過許許多多的美好片段，但是，再如何不甘心、不情願，人生旅程總是有人先走完，先下車。留下來的人，縱然有再多的不捨，也只能選擇接受。

在梁山伯死後跟著赴死的祝英台，固然留下了淒美的結局，但是，如故事中的老太太一般，認眞且眞心地活過餘下的日子，不是更有意義？

眞正彼此關心疼愛的人，是不會以死亡來牽絆對方的。如果你眞心喜愛一個人，你會希望對方終日以淚洗面，痛苦萬分嗎？眞心的喜歡，是希望對方活得幸福，活得快樂，不論自己是不是能夠同享。

大仲馬寫過十分動人的一段話：「我們相愛太深，所以，從我們要分手的這個時刻起，我的靈魂一直要伴隨著你，跟你在一起；你的靈魂也伴隨著我，跟我在一起。你悲傷的時候，我會覺得我的心也充滿了悲傷。你想起了我，微笑的時候，你要知道，我會看到你那愉快的笑容。」

若兩個人眞心誠意地相愛，愛到結髮牽手、彼此不分，那麼，再遠再久的分離，也不過是一段小別，終有重逢相聚的一天。

不會做夢的人最可憐

人生有夢，才能築夢踏實。假使連一個小小的夢想都不想去奢望、祈求，人生實在再可悲不過。

人生當然不應該一味地沉浸在夢幻裡面，總是得面對生命裡的各種現實情境。但是，一個人如果連做夢都不會，豈不是太過無聊了？

不管心裡存有什麼樣的夢想，只要它仍然在我們的心裡運作，我們就有更多勇氣面對明天的生活。

安德莉亞是個愛做夢的小孩，在她的同伴夢想以後成爲老師或秘書的時候，她的夢想是成爲一個電影明星。親友們全都認爲她太愛做夢了，夢想不能當飯吃，總有一天得要清醒，過現實的生活。

但是，安德莉亞並不這麼想，她決心要追求自己的夢想。所以，她一成年，就決定要前往夢寐以求的羅馬生活。

她總是自信滿滿地對朋友說：「我深信我將會遇到一個英俊的義大利王子，我們將會瘋狂地相愛。」

這番話當然受到不少的訕笑，但是她不以爲意。

她來到羅馬之後，擔任一戶人家的褓姆，每天都會帶著照顧的小孩外出散步。其中，她最常去的地方是特雷維噴泉。

據說，在這個噴泉裡擲入一枚硬幣，日後便能重回羅馬，扔兩枚硬幣則能夠找到眞愛。安德莉亞已經在這座噴泉裡花上一大筆錢了，因爲她每回經過噴泉池，都會投入兩枚硬幣，然後認眞祈求自己能夠早日找到眞愛。

她寫信告訴朋友這件事，朋友還特地回信要她別傻了，不如把錢存下來，還可以貼補一些生活花費。但安德莉亞依舊堅信自己的夢想，一味執著。

有一日，她又對著噴泉擲錢幣、祈禱。這時，有兩位兩輕人注意到她，其中一位走過來問她：「妳是觀光客嗎？看來妳真的很想回到羅馬，不然就不會扔兩枚硬幣了。」

安德莉亞望著那位淺褐色頭髮的年輕人，說：「一枚硬幣是爲了返回羅馬，兩枚硬幣則是爲了找到眞愛。」

那名年輕人頗有興味地問：「妳想在度假的期間找到眞愛？」

安德莉亞回答：「我住在羅馬，我喜歡羅馬。我一直夢想著能在這裡與某個人墜入愛河，我相信我一定能夠找到我的眞命天子，我更相信我的夢想總有一天會實現。」

三人相談甚歡，還一同去喝了咖啡。後來，安德莉亞才知道，原來和她說話的年輕人馬塞羅，正是羅馬足球隊的職業球員，而且是位足球明星。

安德莉亞和馬塞羅陷入熱戀，並且很快地結婚了，婚後育有三名子女。安德莉亞想要看遍世界、找到眞愛的夢想，幾乎已經實現了一大半。

當一個人懷有希望，信念就會成爲行動的推進力。

安德莉亞的夢，在許多人看來或許不切實際的白日夢，但是對她而言，那是她每一天生活結存下來的利息。依靠著這份利息支撐，她就能夠積極地面對眼前尚不完美的人生。

沒有人能夠肯定地告訴你我，我們的夢能不能夠像安德莉亞一樣成眞，但是，只要我們始終朝著夢想和希望前進，一點一滴地累積自己的力量，那麼，我們至少能夠逼近內心的夢想。我們會不斷地前進、不斷地攀升，在新的立足點上重新編織更美更好的夢想。

人生有夢，才能築夢踏實。假使連一個小小的夢想都不想去奢望、祈求，人生實在再可悲不過。

遇上困境，不妨換個角度省思

跳出問題的框框，以客觀的角度去琢磨不同的情境，我們就能重新面對過往以為的絕境，並找到新的出路。

生命中有些困境，就像大雨中的泥淖，當我們不小心陷落進去時，總不免神經綳緊，感到難以忍受。這時該怎麼辦？繼續停留在原來的位置，勢必會不斷加重這樣的情勢，直到壓力加磅至臨界點。如果不試著改變自己的情，轉移注意力與焦點，我們將會被情緒全盤主宰，甚或會失去原本的判斷力。

經過又一次的發怒，這一次薇若妮卡真的決定離家出走了。

她提著皮箱，一路往車站走去，心想自己這下終於自由了，再也不會有誰在她耳邊管東管西，東唸西唸，不許這、不許那。她終於成為自己的主宰，高興去看電影就去看電影，高興上館子就上館子，再也不用等這個人回應、聽那個人的意見了。

薇若妮卡一邊走著，一邊說服自己——自己做了再正確不過的決定。

忽然，她覺得背後好像有什麼聲音，可是再仔細聽卻又聽不到了。她疑心了一下，停下腳步，把皮箱換到另一手提著，卻沒有勇氣往後看，加緊腳步繼續朝車站的方向走去。

好不容易，看到車站的燈光了。薇若妮卡喘著氣在椅子上坐下，整個偌大的車站，此時此刻，除了她竟沒有半個旅客。她把皮箱拎在身側，渾身打了個哆嗦，仰頭一看，原來下雪了。

薇若妮卡這才發現，自己竟然連一件外套也沒帶，此刻皮箱裡除了幾件換洗衣物和一點旅費以外，什麼也沒有，連想拿件衣服出來禦寒都很難。

第一次，薇若妮卡覺得自己的決定好像不是那麼聰明了。

想了好一會兒，雪越下越大，凍得全身發抖的薇若妮卡倏地站起身來，拎起皮箱就往來時的路上走。一邊走，一邊細碎地唸著：「我幹嘛讓那個傢伙待在火爐邊看電視，而自己跑出來吹冷風？要走也是他走，我幹嘛自討苦吃？什麼自由、什麼離家出走嘛！冷死了！」

走著走著，她突然害怕了起來，因爲剛才的怪聲音竟然又出現了，而且好像越來越靠近。

「會不會是熊呢？還是野狼呢？我的天啊！老公啊，你在哪裡？我好怕哇！」薇若妮卡完全止遏不住自己的想像，於是害怕地狂奔了起來。

一邊跑著，一邊聽著自己如雷的心跳聲，但那個怪聲依然緊緊相隨。眼看家門就在前方，薇若妮卡還來不及放下心來，就感覺到有個影子閃過，她立刻大叫：「老公！救命啊！」

一個熟悉的聲音從她背後傳來，「怎麼啦？我在這兒，別怕！」

薇若妮卡轉身撲進丈夫懷裡，感覺到丈夫溫暖有力的手緊緊抱住了她，這才漸漸平復了下來。她囁嚅地問：「你怎麼會在……」

丈夫回答：「我一直跟在妳後頭。」

經過幾秒鐘的沉默，薇若妮卡開了口：「幫我把皮箱提進去吧。」

跳離原本被困住的問題與情境之後，總算讓薇若妮卡重新去思考自己本身的感受，以及眞正想要的結局。

當你的生命遭遇困境，如果能夠抽身而退，跳出原本的窒礙，回頭再看，很多問題可能都不再是問題了。

不要讓自己的眼界、視界範圍縮小，將焦距拉得過近，我們有時反而看不清全貌。在這樣的情況之下，做任何判斷與決定，都是一種沒有把握的冒險。

俄國作家羅曼諾索夫曾說：「為了能夠做真實和正確的判斷，必須使自己的思想擺脫任何成見和偏執的束縛。」

跳出問題的框框，以客觀的角度去琢磨不同的情境，我們就能重新面對過往以爲的絕境，並找到新的出路。

善用觀察傾聽，有助釐清思緒判斷

茫然於未來，或是為眼前的困境苦惱，先別急著抓狂，冷靜下來觀察周遭的情況和自身的狀況，相信很快就能找到因應的方法。

不管是夏洛克．福爾摩斯，還是名偵探柯南，他們高竿的推理本領，總是讓人看得嘖嘖稱奇。甚至只消和他們進行十分鐘的談話，他們就可以猜出對方大致的生活概況，不管是從事什麼樣的職業或是有什麼樣特殊的習慣，都可以判斷得奇準無比。

有些人被路邊的算命仙叫住，很快就因爲算命仙口中道出種種關於自己的想法給嚇了一大跳。很難相信算命仙不過將自己的手掌翻來覆去瞧了幾遍，就能夠把身邊的事情說出十之八九。

眞的有那麼神奇嗎？其實，名偵探和算命師使用的技巧都一樣，就是用眼睛觀察、用耳朵傾聽。只要問對了問題，就可以直達眞相的核心。而後再運用邏輯推理與歸納，將所獲得的各種資訊加以整理，自然就能說出許多藏在表相下的答案。

在美國有一個很受歡迎的節目，名爲《我是幹什麼的？》，透過主持人的提問回答，讓現場的觀衆猜猜看來賓是從事什麼樣的職業，猜中者可以獲得大獎。這個節目播出二十幾年來，收視率都居高不下。

艾琳是節目的忠實觀衆，但是讓她很懊惱的是，每一次她都猜不中來賓任職的行業到底是什麼，甚至很難從回答當中聽出蛛絲馬跡。

一直猜不中讓她感覺有點沮喪，於是磨著經常猜對的老公，問他到底有什麼秘訣。最後，她老公被煩得沒辦法，只好說：「我也不知道有什麼秘訣啦，不過有一件事我覺得很重要，就是，一定要在來賓說話的時候仔細地聽。仔細傾聽，可以聽出很多訊息來。」

後來，艾琳依著老公的建議去嘗試，果然比較能夠掌握來賓在回答主持人提問時候的一些特殊的反應，猜測來賓的職業，命中率就因此高了許多。

自從傾聽發揮效用以後，艾琳發現了許多因此而帶來的好處。

有一回，她和一名老太太在雜貨店聊天，知道對方因爲關節炎即將遠行到某一個溫泉勝地度假兼療養，回家後就烤了一點餅乾糕點讓老太太帶走，一路上可以塡塡肚子。當時老太太臉上欣喜和訝異的表情，讓艾琳久久不能忘懷。而老太太度假回來時，竟特地爲她帶來十分珍貴且少見的紀念品，更使她覺得受寵若驚。

一點點小小的關心和善意，一點點小小的留意和付出，竟能獲得如此大的回報。自此以後，艾琳更加堅定要善用自己的耳朵，專注留心傾聽，在能力範圍內貼心爲他人設想。

艾琳相信，透過傾聽，她將能從別人的話語之中得到更多。

雖然，大部分的人都擁有正常的視力與聽力，但是，事實上，眞正耳聰目明的人並不在多數。想要心想事成，就必須先調整自己看待事物的心情。

很多時候，我們雖然在看、雖然在聽，但卻流於聽而不聞、視而不見，可能看不見父母子女低落的心情，也可能聽不見情人心底的抱怨。

事實上，每一件事情都是有跡可循的，只要我們用心去看，用心去聽，我們就能夠如同故事中的艾琳，發現更多、了解更多，也就能夠在待人處事的過程中得到更多。

法國作家羅曼．羅蘭說過：「應當細心地觀察，為的是理解；應當努力地理解，為的是行動。」

經過仔細傾聽與觀察，而後深入地去理解，我們的行動也就能夠得到更加明確的方向。當我們茫然於未來，或是爲眼前的困境苦惱，先別急著抓狂，試著調整自己的心情，冷靜下來觀察周遭的情況和自身的狀況，相信很快就能找到因應的方法。

引導比責罵更有效

首先稱讚對方的優點，然後再慢慢道出他的缺點，如此效果會來得好一些。把這個方法用到公司、工廠或家庭，都能收到效果。

日常生活中，很多讓人惱怒的事情，實際上都是可以透過調節心情加以化解的。教育孩子也是如此，動不動就生氣，就像提著汽油滅火，只會擴大事端。

大多數經常斥責孩子的父母，除了修養不好之外，還常常忽略了引導的重要性，因此才會搞不清楚狀況就大發雷霆。

孩子通常喜歡誇張的表達方式，誇張的目的，有時候是爲了吸引大人的注意，但也有些時候是爲了轉移焦點或是規避自己犯下的錯誤。

如果成人不能耐著性子把孩子的話聽完，以引導的方式讓他們把心裡的話說出來，恐怕會不慎做出錯誤的判斷。

有一天下午，三年級的瑞格爾無精打采地放學回家，一進家門就對著母親抱怨。他高聲地吼叫著：「哼，我們老師壞透了，她今天對我很兇，像個巫婆一樣罵我，真的讓我很生氣，明天起，我再也不想上她的課了。」

他的母親正在準備晚餐的菜餚，聽完後靜靜地看了他一眼：「是啊，老師大聲罵學生確實不太好，讓你在同學面前丟臉，難怪你這麼生氣，沒有一個小孩喜歡被罵的。」

瑞格爾覺得媽媽果然是站在自己這邊，一時間激動不已，竟然讓忍了許久的眼淚掉了下來，而且越哭越傷心。

他的媽媽又問：「老師只罵你嗎？還是有別的同學也被罵了？」

「亨利也被罵了。」

「這樣啊，亨利向來是個很懂事的孩子，他一定也忍不住氣哭了吧？」

「沒有，亨利沒有哭，喬依絲哭了。」

「怎麼會這樣？喬依絲也挨罵了啊？」

「不是。今天下午我抓到一隻好大的七星瓢蟲，本來想放在書包裡，結果亨利拿去偷偷放在喬依絲的口袋裡，上課的時候，瓢蟲爬了出來，喬依絲就在教室裡大哭大叫起來。」

瑞格爾的媽媽故意說：「我看老師是罵錯亨利了，一隻七星瓢蟲有什麼了不起？喬依絲會不會是故意哭叫的？」

瑞格爾連忙說：「不是啦，喬依絲本來就特別怕小蟲，我跟亨利說別放在她口袋，但是他不聽。」

「哦？那你想放在哪裡？」

「我要放在班克羅的書包裡，他不會那麼怕，就不會那樣叫了。」

「這樣啊，你抓到蟲就是爲了想捉弄同學嗎？」

「只是想開個玩笑嘛，誰知道亨利會讓喬依絲嚇得哭叫起來。」

「我想，要是你們不在這個老師的課上玩，大概就不會被罵了。」

「嗯……要是數學老師的課，恐怕會被揪著耳朵罵，那更慘。」

「這樣說起來，你們就是看準『巫婆』老師不會對你們怎麼樣，所以才放心大膽的玩囉？」

瑞格爾支吾地說不出話來，最後只能不好意思地低下頭來。

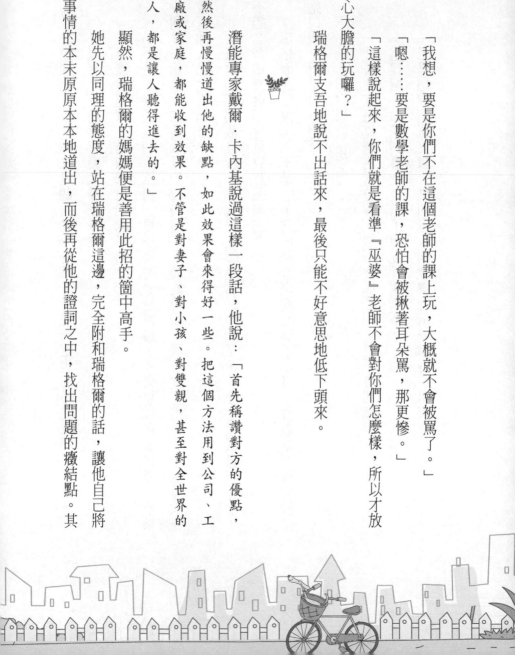

潛能專家戴爾·卡內基說過這樣一段話，他說：「首先稱讚對方的優點，然後再慢慢道出他的缺點，如此效果會來得好一些。把這個方法用到公司、工廠或家庭，都能收到效果。不管是對妻子、對小孩、對雙親，甚至對全世界的人，都是讓人聽得進去的。」

顯然，瑞格爾的媽媽便是善用此招的箇中高手。

她先以同理的態度，站在瑞格爾這邊，完全附和瑞格爾的話，讓他自己將事情的本末原原本本地道出，而後再從他的證詞之中，找出問題的癥結點。其中最高明之處，莫過於她從頭到尾沒有一句重話，而是利用引導的辦法，讓瑞格爾自行體會出事情的是非對錯。

在孩子的心裡面，其實自有一種道德判斷規準存在，他們知道什麼是對、什麼是錯。如果成人過於高壓強勢，執意要他們順從，有的時候，小孩子的反抗心會因此被燃起，自然容易造成親子間的衝突。

成人在處理兒童問題時，最忌諱以成人的霸權心態施壓，不聽孩子說話。千萬別急著罵孩子，而是多引導他們自己思考是非對錯，如此才能眞正讓正確價值觀念在他們心中成形。

真正的愛情，沒有固定形式

真正的愛情沒有固定的形式，兩顆心能夠不斷貼近，兩兩相依才是最核心的價值。

常有人說：「有愛的婚姻才是真幸福。」婚姻是種形式，任何人只要彼此簽下結婚證書，舉行婚禮儀式，便是世人認同的夫妻。但是愛情不同。愛要如何觀察？又要如何鑑定？婚姻裡的愛情，又是什麼模樣？

有一首歌這麼唱：「也許你覺得卿卿我我，才能表示情深意濃，所以你說我忽冷忽熱、難以捉摸；兩情若已是天長地久，何必在乎朝朝暮暮？問你是不

是真心真意與我同行，且共度白首。」

有些愛情，是無須刻意去說的。

費爾德有一次提起自己的父母時，這麼說：「小時候，我覺得自己的爸媽和別人家的父母都不一樣，他們彼此之間從來沒有什麼親暱的話語，也沒看見他們相互親吻，我總不免猜想他們是不是感情不好。要是有一天他們倆離婚的話，我該怎麼辦？」

說到這裡，費爾德話鋒一轉：「可是，十歲那一年的夏天，讓我改變了原本的想法。那一天，突然打雷下起大雨，雨水下到把河堤都沖垮了，整個村莊立刻變成水鄉澤國。我很快就被抱到閣樓上躲好，那時停電了，四周黑洞洞的，我又冷又怕，於是攀上窗沿，想要看看爸爸媽媽在哪裡。一陣閃電劈了下來，照亮了院子，我看見爸爸媽媽站在洪水浸漫的院子裡，媽媽一手抓著爸爸的衣服，一手抱著一窩從倒塌的雞棚裡救出來的小雞；而爸爸則一手摟著媽媽的肩膀，一手抓著一隻剛生下來的小羊。」

費爾德將目光放遠，遙想似地說：「那個畫面我永生難忘，我覺得，那是我看過最親愛的一對夫妻了。他們彼此依附著彼此，在風雨之中相互依賴、相互支持，告訴這個世界，沒有什麼事能夠將他們分開。」

有些人日復一日地想要追尋自己的眞愛，同時爲自己的愛情設下高度的標準，認爲眞正的愛情應該如何纏綿悱惻，又如何可歌可泣。可是，那些電視劇裡的愛情故事就是愛情的所有樣貌了嗎？那些來自於其他人的浪漫史和際遇經驗，就是理所當然的愛情模樣嗎？

所有的男孩都該在雨中癡心等待女孩開窗？所有的女孩都該在男孩渾身汗臭時遞上手帕毛巾？所有男孩女孩都應該到世界中心去呼喊愛情？

不論現今有過的愛情故事有多少種面貌，你的愛情都可以是全新的另一種。正如同故事裡的父母，他們的言行沒有一般親密夫妻該有的舉動，但是，他們把全副的心思都放在對方身上，將對方視為自己一生中最重要的存在，事實上，這就是一種極致深刻的愛情表現了。

你的情人不會談情說愛嗎？你的戀人總是不解風情嗎？如果有一天，你的愛人變成了傳說中的戀愛達人，就什麼問題都沒有了嗎？

眞正的愛情沒有固定的形式，兩顆心能夠不斷貼近，兩兩相依才是最核心的價值。別再流於形式主義了，這輩子，我們要致力追求的是「愛」，而不是「愛情的樣子」。

英國詩人伯朗寧曾寫道：「把愛拿走，我們的地球就變成一座墳墓了。」

或許我們眞正該在乎的，不是別人該如何來愛自己，而是自己可以如何去愛人。

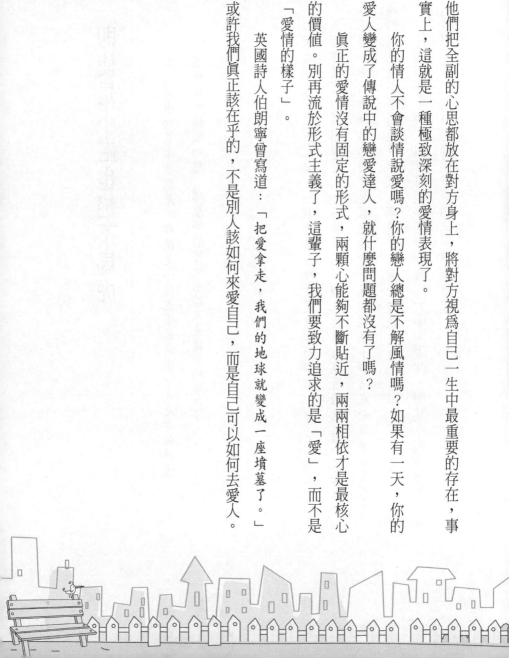

即使是小處也絕不馬虎

做人做事的基本原則是，即使是小處也不能馬虎。光是會編織美麗無比的樓閣幻想，那麼夢想可能永遠只是虛幻的夢想。

埃及哲人狄摩西尼說：「小的機遇往往是偉業的開始。」

前蘇聯政治家列寧說：「不要成為一個光想做大事情的空想家。要做一個善於同小要求結合起來的實是求是的政治家。這種小事情有助於爭取大事情，我們認為做小事情是爭取做大事情最可靠的階段。」

任何一件小事，也有可能累積而變成為大事。因此，與其空抱著遠不可及的夢想，不如由自己觸手可及的足下開始做起。

貫徹這樣的想法，才是邁向成功最好的方法。

孔子的弟子言偃，字子游，對於禮樂之道相當重視，也一向最認眞學習。後來，他有機會到武城（在今山東費縣西南）做官，但他並不因爲這只不過是一座小城就隨便，反而照樣倡導百姓習禮作樂，要求他們經常彈琴唱歌。

一次，孔子帶著幾個弟子外出，經過武城，聽到那裡到處是彈琴唱歌之聲，便微笑著說：「殺雞哪用得上宰牛的刀？」

孔子的意思很明白，武城是個小地方，而禮樂屬於大道，治理這樣一塊小地方就施用禮樂大道，就好比用宰牛的刀去殺雞，不免是小題大做。

但是，言偃卻對孔子的說法相當不以爲然，他提出疑問：「從前老師教導我們，統治百姓的人學了禮樂的大道，就會懂得愛護百姓，而百姓學了禮樂的大道，就會變得容易驅使。難道老師的這個教導對武城是不適用的嗎？」

經言偃這一問，孔子頓時醒悟過來。於是，孔子轉身對隨行的弟子們說道：

「你們注意了，言偃說的話是對的。我剛才說的『殺雞哪用得上宰牛的刀』，不過是跟他開玩笑罷了！」

子游的可貴之處，在於能由小處做起，即使是治理小小的縣城，也將自己所學的儒家思想與精神融入其中。

或許，這麼做真的是小題大作，但是重要的是其中的心意，萬事萬物都是由小處累積而起，隨著理念的推廣，能夠接受儒家禮樂制度的民衆愈來愈多，將來必定能夠向上影響，讓社會逐漸趨於安定。

雖然，武城只不過是一個小小的城邑，但是治理的原則，對於大地方和小地方又有什麼樣的差別呢？

如果這個原則連武城這樣的小地方都沒有良好的成效，那麼是不是該反過來思量是否原則出了問題呢？

這樣的論點，連孔子也無法不信服了吧！否則豈不是自打嘴巴嗎？畢竟這些大道理都是孔子自己提倡的。

所謂的原則或方法，必須加以實踐才有意義。

德國思想家歌德就相當強調實踐的功夫，他曾經這麼說過：「人們在那裡高談天啟和靈感的東西，而我卻像首飾匠打造金鎖一樣，精心地勞動著，把一個個小環非常合適地連接起來。」

做人做事的基本原則是，即使是小處也不能馬虎。光是會編織美麗無比的樓閣幻想，那麼夢想可能永遠只是虛幻的夢想，但是，一步一步腳踏實地把每一件小事做得盡善盡美，那麼累積起來必然是相當可觀的成就。

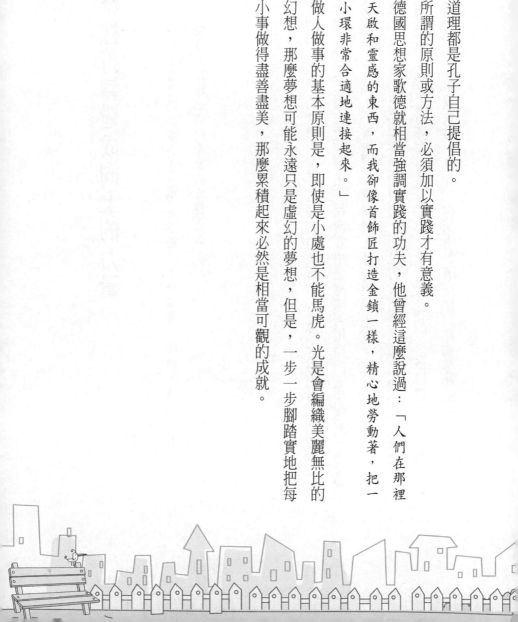

將挫折轉變成向上的力量

唯有靠自己的力量走出悲傷的陰霾，不被沮喪束縛住，我們才能堅持不輟地往我們希冀的目標走去。

所謂的「厚黑心理學」，從負面的角度解讀，當然會得出負面的觀感，但是，只要我們從正面的角度解讀，就會知道它意味著積極的人生態度，也就是爲了達成人生目標，不管遭遇什麼挫折，都能堅忍不拔。

每個人都有自己想要努力的目標，而且對於這個目標充滿「衣帶漸寬終不悔」的執著，就算沒得吃、沒得睡也甘之如飴。然而，當目標之前出現了阻礙，幾番努力卻嘗盡失敗，那麼，你還會執著這個目標與夢想嗎？

有人說，信念是恆久不變的意念，一個人的人信念，照理說是不太可能輕易地變動，除非這個人本來就不是個意志堅定的人。

爲了完成自己的信念，我們勢必得咬緊牙關，再大的阻礙也得想盡辦法去移除，這才是對得起自己的做法。

只不過，挫折沮喪在所難免，與其苦情地暗嘆老天不公，何不試著將生命中不得不出現的種種挫折轉變成一股向上的力量，帶領我們超越自我，也超越難關。

李白是唐代著名的大詩人，傳說少年時代，曾經做過一個奇特的夢，夢見自己使用的筆，筆頭開出鮮豔的花朵，一張張白紙自動飛到他眼前。李白高興極了，就抓起妙筆飛快地寫了起來，落在紙上的卻是一朵朵盛開的鮮花。

後來，李白刻苦讀書，並且深入社會生活，遊歷中國名山大川，果然文筆不凡，創作了大量的不朽詩篇。

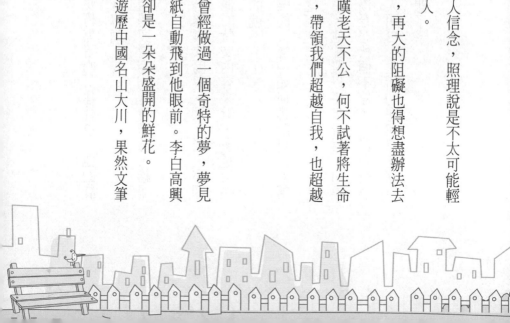

他熱情歌頌了雄偉、壯麗的國家，更揭露了腐朽黑暗的封建社會。他的許多著名的詩篇，流傳千古，至今仍被中外讀者吟詠傳頌。

李白一生雖然流離失意，但因爲曲折離奇的遭遇與豐富的社會體驗，給了他諸多靈感，寫下無數動人詩歌。

不過，在他性格中豪放不羈的另一面，也就是頹廢放蕩與玩世不恭，亦即輕率多於嚴謹，這一點也反映在他的作品上，以他的詩文內容來看，多是反映民生疾苦與社會問題，但其中令人感到沈鬱蒼涼的就不多了。

人，可以活得快樂，也可以活得不快樂；快樂的人懂得如何排解自己的情緒，淡忘生命中的不幸，讓自己活在正面的陽光之下。

李白的才氣是大家公認的，可是在現實生活中，他卻難以平步青雲，事事順利；這樣的際遇，在悲觀的人過來，恐怕早已傷春悲秋個不停了，沒有幾個人能像他一樣，寫出那般豪情的詩句。他的詩讓人明白，生活的悲與喜是來自於自己的想法，你覺得喜就是喜，你覺得悲就會悲了。

寫出《彼得潘》這部膾炙人口文學作品的作家詹姆斯．巴利說：「帶來陽光照他人生命的人，自己也會沐浴在陽光下。」

所以，何不試著讓自己學會用正面的眼光看事情，挫折的另一面不也可以說是一種考驗，一種修行嗎？

抱怨與自怨自艾，只有一點點的話，別人還會出聲安慰你幾句，如果成天抱怨個不停，那麼遲早你周圍的人都會跑得一個不剩，因為別人還想快樂地活上幾年，誰也不想被你的悲情傳染。

所以唯有靠自己的力量走出悲傷的陰霾，不被沮喪束縛住，我們才能堅持不輟地往我們希冀的目標走去。

新生活大師

49

用平常心面對困境

作　　者　連城紀彥
社　　長　陳維都
藝術總監　黃聖文
編輯總監　王　凌
出 版 者　普天出版社
新北市汐止區康寧街 169 巷 25 號 6 樓
TEL / (02) 26921935 (代表號)
FAX / (02) 26959332
E-mail：popular.press@msa.hinet.net
http://www.popu.com.tw/
郵政劃撥 19091443 陳維都帳戶
總 經 銷　旭昇圖書有限公司
新北市中和區中山路二段 352 號 2F
TEL / (02) 22451480 (代表號)
FAX / (02) 22451479
E-mail：s1686688@ms31.hinet.net
法律顧問　西華律師事務所・黃憲男律師
電腦排版　巨新電腦排版有限公司
印製裝訂　久裕印刷事業有限公司
出 版 日　2019 (民 108) 年 12 月第 1 版
ISBN◉978-986-389-695-1　　條碼 9789863896951

國家圖書館出版品預行編目資料

用平常心面對困境路／
連城紀彥著.—第 1 版.—：新北市,普天
民 108.12 面；公分. - (新生活大師；49)
ISBN◉978-986-389-695-1 (平裝)

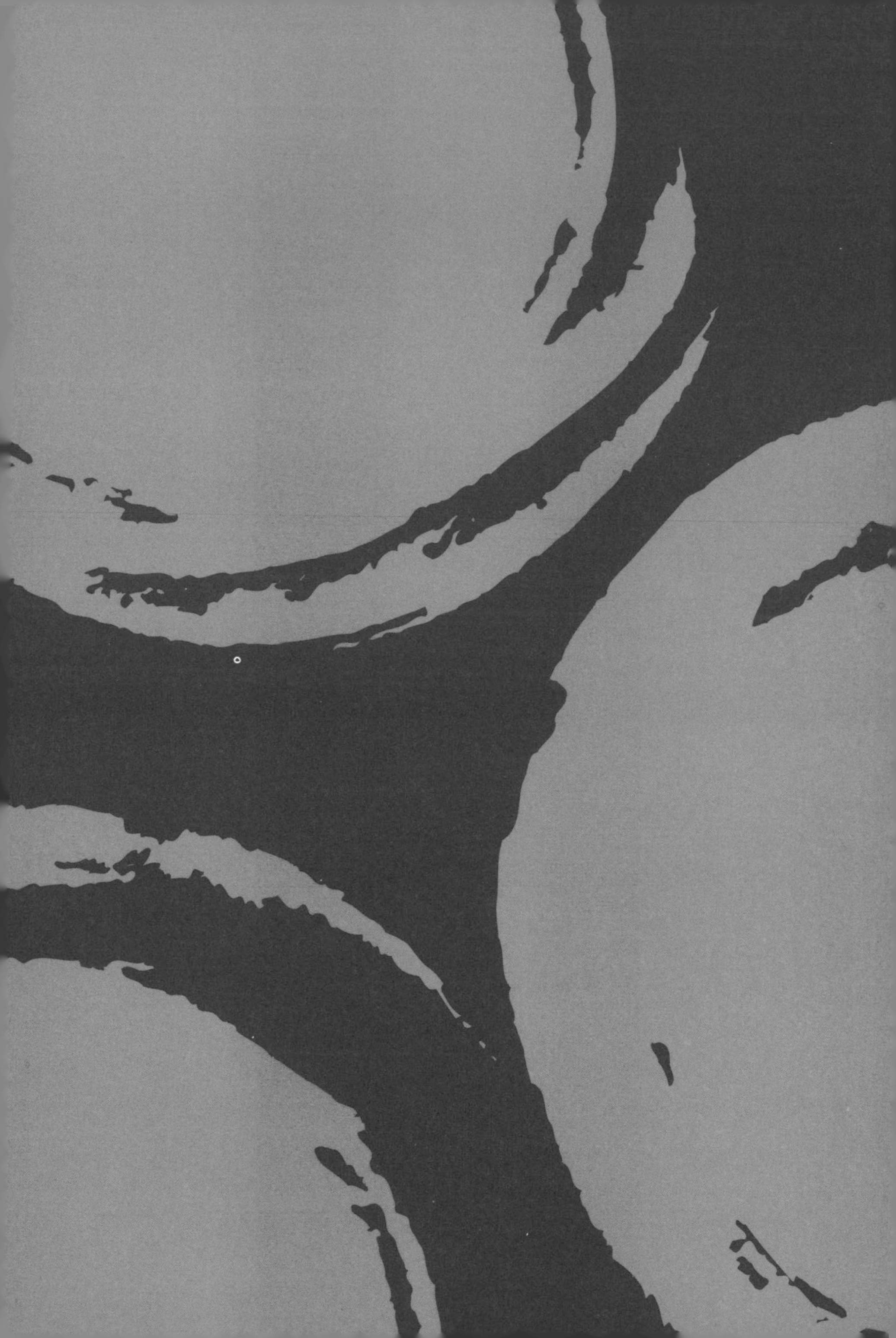